T0204118

clave

**Rupert L. Swan** es experto en *coaching*, comunicación interpersonal y lenguaje no verbal. Ha realizado estudios sobre la inteligencia social tanto en corporaciones como en el ámbito privado estadounidense y europeo. Es asesor editorial y redacta discursos para empresarios de éxito. Su anterior obra, *El método Obama*, fue traducida a diversos idiomas con más de doscientos cincuenta mil ejemplares vendidos.

RUPERT L. SWAN

# El método Kamala

**Los 77 hábitos y actitudes de éxito de
Kamala Harris para incorporar a tu vida**

DEBOLS!LLO

Papel certificado por el Forest Stewardship Council®

MIXTO
Papel procedente de
fuentes responsables
FSC® C117695
www.fsc.org

Penguin
Random House
Grupo Editorial

Primera edición: abril de 2021

© 2021, Rupert L. Swan
© 2021, Penguin Random House Grupo Editorial, S. A. U.
Travessera de Gràcia, 47-49. 08021 Barcelona
Diseño de cubierta: Penguin Random House Grupo Editorial
© Sandy Huffaker / Getty Images, por la imagen de cubierta

*Printed in Spain* – Impreso en España

ISBN: 978-84-663-5763-0
Depósito legal: B-773-2021

Compuesto en Fotocomposición gama, sl
Impreso en Black Print CPI Ibérica
Sant Andreu de la Barca (Barcelona)

P 3 5 7 6 3 0

Mi madre solía decirme: «Kamala, serás la primera en hacer muchas cosas. Asegúrate de que no eres la última».

KAMALA HARRIS

# Índice

PRÓLOGO

# Kamala o el arte de crear tu destino

Pocos se habrían imaginado, hace apenas unos años, a una mujer negra como vicepresidenta de Estados Unidos. Kamala Harris perpetúa el legado de Barack Obama, y lo hace, además, siendo mujer. Esta es la historia de una mujer inconformista y orientada al éxito, que creyó en sí misma a pesar de las circunstancias.

En este libro analizaremos todas las actitudes y hábitos que la han llevado, contra todo pronóstico, hasta la cima de la política estadounidense. Son lecciones muy útiles que vamos a aplicar a todos los ámbitos de nuestra vida cotidiana. Da igual cuál sea tu proyecto u objetivo personal, *El método Kamala* te proporcionará 77 claves prácticas para el éxito.

La mujer que ha inspirado este libro es la primera vicepresidenta de Estados Unidos, un hecho ya de por sí histórico, pero también es la primera mujer negra, la primera mujer asiática-estadounidense, la primera india-estadounidense y la primera jamaicana-estadounidense en ocupar la segunda posición de mayor poder en el país. Kamala desafía el *status quo* en cuestión de raza y en femenino, dando poder a todas esas mujeres que han vivido situaciones de desigualdad por ser justamente eso, mujeres.

Su vida ha estado *llena de primeras veces*. Kamala ha roto numerosos techos de cristal a lo largo de su carrera, como fiscal general de California y como senadora, por poner solo algunos ejemplos que veremos a lo largo del libro.

Seas hombre o mujer, cualquiera que sea tu raza y posición social, ¿cuál es tu techo de cristal? ¿Qué creencias te impiden ir más allá de ese límite? ¿Cuándo vas a lanzarte a una nueva primera vez? ¿Tus hábitos te llevan al éxito o te mantienen clavado donde estás?

¡Vamos a examinar todo esto!

El relato de la ascensión de Kamala hasta las altas esferas es una crónica propia de los tiempos actuales. Igualdad de oportunidades, feminismo... Todo esto forma parte del momento histórico que estamos viviendo de empoderamiento femenino y de lucha social por los derechos de la raza negra con movimientos virales como el #BlackLivesMatter.

Sin embargo, más allá de estas circunstancias, vamos a ver cómo llevar ese empoderamiento a todos los ámbitos de nuestra vida, cualquiera que sea nuestra circunstancia personal.

Como vicepresidenta de Estados Unidos, Kamala parece haberlo conseguido todo. Sin embargo, en 2019 se había presentado como candidata a la presidencia para las elecciones de 2020, lo que nos hace pensar que puede seguir sorprendiéndonos en los próximos años. De hecho, son muchos los vicepresidentes que han optado a la presidencia mientras aún ejercían el cargo: John Adams, Martin van Buren, Richard Nixon, George H. W. Bush o Al Gore son solo algunos de ellos.

En este libro analizaremos *los hábitos y las actitudes de éxito* que ha incorporado Kamala a lo largo de su vida.

*Conductas, formas de pensar y habilidades* que han permitido a una mujer hecha a sí misma crear su propio destino y que tú podrás aplicar siguiendo unos principios y mediante ejercicios para tu día a día.

Ella es un referente y una inspiración no solo para las mujeres afro-americanas, sino para todo el mundo, por su actitud resiliente y su mentalidad orientada al éxito. Los pequeños hábitos diarios son los que definen el destino de una persona, y aquí desglosaremos los que han llevado a Kamala a ser conocida en todo el mundo, de modo que puedas aplicarlo a tu vida diaria.

Empieza una gran aventura que, si prestas atención, puede llevarte mucho más allá de lo que hasta ahora imaginabas.

¡Adelante!

# 1

## Confía en el proceso

Cuando Kamala Harris no tuvo éxito en su campaña electoral a la presidencia en 2019, su mundo no se vino abajo. Es una mujer que confía en *los misteriosos caminos de la vida para llevarnos hacia nuestro objetivo.* Su campaña fracasó, sí, pero, como bien dice el refrán: «Los caminos del Señor son inescrutables». Todo ocurre por algún motivo, aunque *a priori* pueda parecernos que la vida nos está jugando una mala pasada, o que hemos tenido una suerte pésima.

Tras quedar fuera de la carrera presidencial, Kamala optó por permanecer en un estado de *calma y desapego al resultado.* Sabía que, si ese no era el momento, o el camino correcto para alcanzar su objetivo, más adelante y de otra manera podría serlo.

Las personas de éxito saben que lo importante es *enfocarse en el destino final, no en cómo lograrlo.* Y saben, sobre todo, que cualquier revés aparente es una bendición encubierta, porque todo llega en el momento justo.

Que hasta ahora no hayas conseguido lo que te proponías no significa que no lo logres cuando hayas completado tu preparación. ¡Confía en el proceso!

Imagina por un instante a un grupo de hormigas que trabajan incansablemente recolectando comida para el invierno. Esta abunda en un lugar al otro lado de una carretera. Cada día unas cuantas hormigas mueren aplastadas por los coches que pasan. Un día, una mujer se da cuenta de ello y decide colocar una gran roca, bloqueando así el acceso de las hormigas a la carretera para ir en busca de alimento. Lo que podría parecer un revés infranqueable es en realidad una bendición para ellas, pues, rodeando la roca, se llega a un puentecito que les permite cruzar la carretera sin ser atropelladas.

En esta pequeña fábula, nosotros somos las hormigas, y la mujer que coloca la roca representa la vida, que obra de forma misteriosa, de modo que escapa a nuestra lógica, pero que tiene como finalidad hacernos mejores, aunque al principio no logremos apreciarlo.

La clave es confiar en el proceso, hacer una lectura positiva de todo lo que te ocurre y seguir el camino variable que la existencia te marca, momento a momento. La vida sabe cómo llegarás a tu destino, tú no, y está bien que sea así.

---

**PUNTOS CLAVE**

- Confía en que todo sucede por una buena razón.
- Si tropiezas con un obstáculo en tu camino, no te desanimes. Busca otra vía que te lleve hacia tu meta.
- Céntrate en el objetivo final y no le des tanta importancia al cuándo, ¡disfruta del camino!

---

# 2

## Una infancia para recordar

Fue durante la infancia de Kamala cuando se gestó la semilla que la ha convertido en la mujer que es hoy. Después de que sus padres se separaran cuando tenía siete años, su hermana pequeña y ella pasaban casi todas las tardes después de la escuela y antes de que su madre volviera de trabajar en casa de la señora Shelton.

Allí, se reunían varios niños al terminar las clases mientras la buena mujer ejercía de madre de día. Nunca mejor dicho, porque la señora Shelton se convirtió pronto en una segunda madre para ella, y fue gracias a actitudes que esa mujer le inculcó que Kamala llegó a *creerse capaz de cualquier cosa*.

Un día, Kamala decidió hornear unas barritas de limón y llevarlas a casa de la señora Shelton para compartirlas con ella y los demás niños. Las envolvió en un papel vistoso y ofreció la primera a la señora Shelton, que dijo que estaban «absolutamente deliciosas, quizá un poco demasiado saladas, pero buenísimas».

La verdad es que Kamala se había equivocado y había utilizado sal en lugar de azúcar para la receta. Sin embargo, respuestas alentadoras como esta hicieron que desarrollara una de las características más notorias de su personalidad: la *sensación de valía y una alta autoestima*.

La madre de Kamala fue otra de las grandes responsables de convertirla en la mujer segura de sí misma que es. Sabía que, a los ojos del país que las había acogido, sus hijas eran dos niñas negras (aunque también eran medio indias, jamaicanas y asiáticas), y conocía la discriminación existente en términos de raza, así que decidió educarlas para que fueran mujeres con valores, comprometidas con la justicia social y seguras de sí mismas.

El activismo de la madre de Kamala acompañó a esta a lo largo de toda su vida. Siendo muy pequeña, acudía ya, junto a sus padres, a manifestaciones por los derechos civiles, donde, desde su cochecito, solo divisaba un mar infinito de piernas.

---

**PUNTOS CLAVE**

- Primero debes creer en ti para que los demás lo hagan a su vez.
- Empodera y alienta a los demás. Todo lo que das te viene de vuelta.
- Una autoestima fuerte es la base primordial del éxito. Aprende a valorarte y a quererte.

---

# 3

## Cómo tener influencia

Sin duda, para alcanzar una alta cota de poder o para hacer llegar a otros tu mensaje, debes tener una gran capacidad de influencia. Eso implica ser distinto y pensar *out of the box* para marcar las diferencias.

Y, a medida que suba tu curva de popularidad, también lo hará la de los *haters*, así que debes desarrollar tu capacidad de sobreponerte a las opiniones externas, como dijo Kamala Harris en la 2020 Black Girls Lead conference: «Habrá gente que te dirá: "Estás fuera de órbita". Les fastidia tener solo la capacidad de ver lo que siempre ha sido, en lugar de lo que podría ser, pero no dejes que eso te agobie».

Tener influencia es precisamente eso: marcar una huella distinta al rebaño. Tanto si ejerces un rol de *influencer* en las redes como si tu ámbito es más analógico, veamos algunas claves para desarrollar este magnetismo sobre los demás:

1. *Especialízate en un tema.* Si quieres tocar muchos palos, no te verán como a un verdadero mentor. Centra tu energía en ese ámbito concreto que dominas. Eso te convertirá en un referente.
2. *Busca la calidad, no la cantidad.* Instagram está lleno de perfiles que aparentemente tienen cuarenta mil seguidores, pero que cuando hacen un directo solo

se conectan una decena de estos últimos. Este tipo de trucos son cortoplacistas, ya que la persona no tarda en revelar su verdadera dimensión. Es mejor contar con un número de seguidores reducido, pero muy activo, que con un ejército de *bots*.

3. *Utiliza las palabras con propiedad.* Sea durante un discurso, en una conversación o en un post, el lenguaje define nuestro nivel de conocimientos; por lo tanto, hay que cuidarlo y manejar la informalidad con mesura.

4. *Crea contenidos de calidad.* Eso, al final, es lo que te dará valor en el mercado. Lo aparente es efímero; el valor que aportas es duradero y supone tu legado.

5. *Sé constante.* No hace falta disparar frases, fotos y posts a todas horas, pero es bueno que tus aportaciones al mundo sean periódicas. Con ello, transmites que estás vivo y en continuo proceso de mejora.

---

### LOS SECRETOS DE LARRY PAGE PARA EL ÉXITO

Cofundador de Google, junto a Sergey Brin, este hijo de profesores universitarios nacido en Michigan nos da algunas claves para ser influyentes y marcar la diferencia:

1. PRESTA ATENCIÓN A LA OPORTUNIDAD. «Cuando un sueño aparezca, ¡agárralo!»

2. NO HAY INICIATIVA PEQUEÑA. «Si estás cambiando el mundo, estás trabajando en cosas importantes.»

3. DIVIÉRTETE PARA TRIUNFAR. «Debes hacer cosas que realmente sean importantes, pero también debes divertirte, porque, si no, no tendrás éxito.»

4. PIENSA MÁS ALLÁ DEL DINERO. «Si estuviésemos motivados por el dinero, habríamos vendido Google y estaríamos en la playa.»

---

# 4

## La importancia de los detalles

Controlar todos los detalles antes de tomar cualquier decisión forma parte del ADN de Kamala. Se la ha escuchado en más de una ocasión decir que «tienes que informarte, hacer preguntas y tomar todas las precauciones» para decidir correctamente.

En su carrera como fiscal, aprendió que cualquier pequeño error puede perjudicarla y afectar de forma negativa a muchas otras personas. Las decisiones que tomas hoy tienen un gran impacto en tu futuro, por lo que *tomar decisiones informadas, teniendo en cuenta todos los detalles, es clave.*

Ya Aristóteles predicaba que, antes de tomar cualquier decisión, el primer paso y más fundamental era *conocer los hechos.* Los hechos objetivos, sin que haya un juicio emocional por nuestra parte. Sin este trabajo previo, tomar una decisión acertada es prácticamente imposible.

Para ello, y esto es algo que a los magistrados como Kamala se les da muy bien, es importante ahondar en el tema y *buscar los argumentos a favor y en contra de nuestro propio punto de vista.* Antes de cualquier juicio, un buen abogado debe haber previsto cuáles serán los puntos que expondrá el adversario. Debe tener una perspectiva que vaya más allá de sus creencias, y anticiparse a todas las verdades que esconde el caso.

Una buena forma de obtener una visión completa de cualquier asunto es hacer tuyas las posibles argumentaciones de la parte contraria. Simula que eres un abogado dispuesto a defender una decisión que tú no tomarías. ¿Qué descubres con esa otra mirada?

Una vez hayas recopilado los hechos de manera imparcial y objetiva, analízalos y toma una decisión en consecuencia.

---

**PUNTOS CLAVE**

- Fíjate en los detalles antes de tomar cualquier decisión importante.
- Obtener los hechos de un modo objetivo y luego analizarlos será de gran ayuda para no equivocarte más de la cuenta.
- Ante la duda, imagina que eres juez, por lo que debes considerar todos los puntos de vista que podrían plantearse sobre el asunto que te ocupa.

---

# 5

## Autoestima en vena

Desde pequeña, a Kamala le enseñaron a creer en sí misma. Su entorno la animaba, con frases llenas de amor, ofreciéndole infinitas posibilidades y mostrando admiración por sus esfuerzos. Sin embargo, no todos hemos tenido la suerte de crecer en un entorno tan dispuesto a darnos alas, que confíe siempre en nuestras capacidades y que nos haga ver que podríamos tener el mundo a nuestros pies.

En Estados Unidos, según las estadísticas, el 20 por ciento de los adolescentes sufrirá una depresión antes de llegar a la edad adulta, y siete de cada diez chicas adolescentes creen que no son lo bastante buenas, ya sea respecto a su físico, a sus resultados académicos o a sus relaciones con amigos y familia.

Sí, desarrollar una fuerte autoestima en los niños debería ser una prioridad de todos los padres y educadores. Pero si ese no ha sido tu caso, o no en suficiente grado, quiero que sepas que *es posible reprogramar tu mente*, tus creencias limitantes y transformar completamente la noción que tienes de ti mismo y de tus habilidades.

En primer lugar, *deja de querer impresionar a los demás* y de necesitar su aprobación. Cuando alguien fanfarronea mucho sobre todos sus logros, lo más probable es que no se sienta muy seguro de sí mismo y necesite la aprobación de los demás en cuanto a esos mismos logros. Por el contrario, intenta animarte diciéndote cosas como: «Puedo hacerlo».

Inspírate en experiencias pasadas en las que lo hayas hecho genial, y decide que, a partir de ahora, esa es la persona que vas a ser: alguien seguro de sí mismo y capaz de hacer lo que se proponga. Si crees en ello y no sientes la necesidad de demostrarlo, atraerás mucho más a la gente.

Tu confianza se mostrará a través de tu trabajo y claridad mental, porque ya no te preocupará lo que piensen de ti; estarás jugando a otro nivel.

En segundo lugar, deja de compartir tus proyectos con personas que acabarán llenándote de dudas, como esos amigos de toda la vida que no entienden de tu área de negocio. Por el contrario, rodéate de personas que estén en tu mismo sector y que ya hayan obtenido resultados.

Crea un grupo de *mastermind* con ellos, para discutir sobre todos los obstáculos a los que han tenido que enfrentarse y cómo lo han conseguido. Comparte tus inquietudes solo con aquellos que tienen respuestas en positivo para ellas, no con quien querrá disuadirte de tus ideas, por muy bienintencionados que sean sus consejos.

Por último, proponte tomar siempre buenas decisiones. ¿Donut o manzana? ¿Acabar hoy algo pendiente o dejarlo para mañana?

Cuando tu mente se acostumbra a escoger siempre la opción más saludable, esto repercute en el concepto que tienes de ti mismo. Empiezas a notar que controlas tu vida, convencido de que está en tus manos construir el futuro que deseas, y de que, sí, tú tienes todo lo necesario para hacerlo realidad.

## PONLO EN PRÁCTICA

Esta semana, busca a alguien que comparta tus inquietudes y que, además, esté más avanzado que tú en el desarrollo de su idea. Queda con él para comer y hablar de cómo está materializando su proyecto. Déjate inspirar por quien lo está consiguiendo y verás que, como por arte de magia, lo que antes te parecía muy complicado empieza a parecerte posible.

# 6

## Sin prisa, pero sin pausa

Las personas líderes tienen un espíritu maratoniano. Saben que lo primordial no es la velocidad, sino llegar a la meta. Lo importante no es quién eres ahora, sino en quién te estás transformando.

Sobre esto último hace hincapié James Clear en su libro *Hábitos atómicos*, que encabezó las listas en Estados Unidos en 2019. En sus propias palabras:

> La mayoría de las personas comienzan el proceso de cambiar sus hábitos centrándose en aquello que quieren alcanzar. Esto los conduce a hábitos que están *basados en las metas o resultados*. La alternativa apropiada es construir hábitos basados en cambios de identidad. Con este planteamiento empezamos por centrarnos en quién queremos llegar a ser.

Si decides qué tipo de persona aspiras a ser, los «cómo» llegarán por sí solos. Siguiendo el método de Clear, una vez conoces tu identidad, puedes actuar en consecuencia: «Cada vez que tocas el violín, eres un músico. Cada vez que empiezas a entrenar, eres un atleta. Cada vez que motivas a tus empleados, eres un líder».

Por lo tanto, no se trata de saber cómo alcanzar el éxito, sino qué clase de persona exitosa quieres ser, lo cual exige pararte a pensar en tu identidad, detenerte para darte cuenta de dónde estás y adónde te diriges.

Uno de los libros más vendidos los últimos años en Estados Unidos es el del monje budista coreano Haemin Sunim, *Aquello que solo ves al detenerte*.

Arrastrados por las urgencias y las obligaciones, Sunim dice que vivir desenfrenadamente ocupados nos ancla a una excitación nerviosa constante, lo que facilita que la mente se llene de pensamientos estresantes del tipo: ¿Llegaré a tiempo? ¿Olvido algo importante? ¿Me habré equivocado? ¿Qué estarán pensando de mí? ¿A qué vienen ahora esas punzadas en el corazón? ¿Estoy enfermo?

Ante este tipo de pensamientos, Haemin Sunim sugiere que nos paremos un momento para devolver la atención al presente y respirar bien hondo. Según sus propias palabras: «Solo al detenernos podemos observar con claridad nuestras relaciones, nuestros pensamientos, nuestro dolor. Al detenernos, dejamos de enredarnos en ellos. Podemos abstraernos y valorarlos por lo que realmente son».

---

**STOP & THINK**

Siguiendo el consejo del monje coreano, te propongo que elijas un día cercano para pararte a pensar en tus objetivos, lo cual incluye la vida que deseas vivir. Observa dónde estás, quién eres ahora, y pregúntate si es esto lo que encaja contigo. En caso negativo, decide dónde te gustaría estar, quién quieres ser.

Hay cosas que solo puedes ver cuando te detienes. Luego, puedes retomar la marcha, sin prisa, pero sin pausa.

---

# 7

## Una educación para brillar

Licenciada en ciencias políticas y economía, y con su posterior título *Juris Doctor* en derecho, en 1990, año en el que fue admitida en la Asociación de Abogados del Estado de California, Kamala ya tenía muchos números para convertirse en alguien con una apasionante carrera por delante.

De eso hace treinta años, y el mundo actual va perdiendo la rigidez del siglo anterior. Los títulos universitarios aún cuentan, pero cada vez menos. A finales de los noventa, cualquier persona recién salida de la universidad tenía trabajo asegurado, porque había poca oferta de licenciados y mucha demanda en las empresas.

El panorama actual está en las antípodas de ese escenario. Los jóvenes recién graduados no consiguen encontrar empleo, y en recursos humanos cada vez se miran menos los títulos y más las competencias a nivel de *inteligencia emocional, creatividad y adaptabilidad*.

Las empresas han cambiado su foco, entendiendo que pueden fomentar una habilidad en alguien, pero que no es posible cambiar su forma de ser. Por eso, en la actualidad, buscan a gente afín a la cultura de la empresa, y la prefieren a otros con mejores calificaciones, pero con valores opuestos a los de la organización.

Además, muchas personas que prosperan en la actualidad no sobresalían en cuanto a notas en la escuela o, directamente, abandonaron los estudios. En Estados Unidos, muchos estudiantes de sobresalientes están ahora trabajando para aquellos que sacaban suficientes.

¿Por qué son estos últimos, por los que los profesores no habrían apostado nunca, los que se hacen millonarios creando sus propias empresas?

Hay varios factores que entran en juego en este escenario. Los estudiantes de sobresalientes suelen tener altos salarios, por lo que no están dispuestos a arriesgarlo todo y aventurarse a montar su propia empresa. Tienen su propia vaca de leche, que les proporciona mucho, pero que a la vez les limita. Te contaré de dónde proviene esta expresión.

Hace muchos años, paseaban por el campo un maestro y su discípulo. A lo lejos se divisaba una casa que el maestro estuvo observando largo rato. En ella vivían una familia de cuatro personas, muy pobres y apesadumbradas, y una vaca lechera. Al fin, el maestro decidió acercarse a hablar con la familia y preguntarles por su estilo de vida tan miserable.

—La vaca es todo lo que tenemos —respondieron—, ella nos da la leche que vendemos en el pueblo, y con ello subsistimos.

El maestro se despidió y, al caer la noche, le pidió al discípulo que tirara a la vaca por el barranco.

—Pero, maestro, ¡esa familia se morirá de hambre! —repuso él.

Aun así, hizo lo que el maestro le había ordenado.

Un par de años más tarde, el discípulo, que no había dejado de pensar en esa pobre familia ni en lo que les había hecho, decidió visitar de nuevo la casa y pedirles perdón.

En cuanto llegó, pensó que se había equivocado de lugar. La casa ya no se veía vieja, estaba reformada, y encontró en ella a unas personas bien vestidas que no denotaban ninguna pobreza. Pensó que debía de ser una nueva familia; probablemente la anterior había muerto por su culpa.

Poco a poco, con un gran pesar, se dirigió hacia la casa. Y, a medida que se acercaba, reconoció a los integrantes de la familia, ¡eran ellos! Pero ¿cómo podía ser? Corrió hacia ellos como quien presencia un milagro, y les preguntó cómo habían pasado de la situación de miseria de dos años atrás a la actual de abundancia.

La familia le explicó que la vaca se había caído por el precipicio, por lo que se vieron obligados a buscar otras formas de subsistencia, y encontraron grandes oportunidades donde nunca antes se les habría ocurrido mirar.

Volviendo a nuestro tema, los estudiantes de sobresalientes tienen una vaca lechera, un buen sueldo en cualquier empresa, que es su sustento de vida y lo que, paradójicamente, les impide soñar en grande. Los estudiantes de suficientes no acostumbran a tener ese problema, y se atreven a ir a por todas porque, en definitiva, no tienen nada que perder. Además, suelen tener más *soft skills*, o habilidades blandas, como son el liderazgo, la creatividad, la persuasión, la capacidad de colaboración, la adaptabilidad y la gestión del tiempo.

Tanto para emprender algo como para trabajar en una empresa, estas habilidades empiezan a situarse en el *top* de la lista de las habilidades personales más importantes, mucho más que las *hard skills*, o habilidades duras, la parte técnica que te permite realizar un trabajo, porque estas últimas son mucho más fáciles de enseñar que las primeras.

La «titulitis» va dejando paso a un panorama laboral que prioriza los valores, la inteligencia emocional y las *soft skills*. Lo cual no significa que esto sea suficiente, porque también es fundamental ser experto en tu área de especialización, así que no dejes de formarte y de actualizarte. La parte positiva de esta nueva situación es que ya no necesitas pasar cuatro años en la universidad para poder convertirte en un experto.

---

**EN RESUMEN**

- Tanto si eras un alumno de sobresaliente como uno de suficiente, desarrolla tus *habilidades blandas* para tener más probabilidades de éxito profesional.
- Nunca dejes de invertir en una formación de calidad; en este mundo de cambios exponenciales, lo que sabías ayer puede no ser cierto el mes que viene.
- No dejes que algo bueno (un salario) te impida conseguir algo espectacular (crear tu propio proyecto).

---

# 8

## Ante la adversidad

Los retazos que vamos viendo de la vida de Kamala ya nos indican que tuvo que pasar por todo tipo de dificultades, algo muy común a las personas que han conseguido grandes cosas en la vida.

Se cuenta que, al final de su existencia, Sigmund Freud, que regaló al mundo el psicoanálisis, dijo: «Doy gracias a la vida porque nada me ha sido fácil».

La psicología moderna utiliza la palabra «resiliencia» para referirse a la capacidad de hacer frente a la adversidad. Su mayor referente es Boris Cyrulnik, un neurólogo francés que, siendo niño, consiguió ocultarse de los nazis evitando así ser enviado a un campo de concentración, donde perdió a sus padres.

En su libro *Sálvate, la vida te espera*, afirma:

> La vida es una locura, ¿no es cierto? Por eso es apasionante. Imaginen que somos personas equilibradas con una vida apacible, no habría ni suceso, ni crisis, ni trauma que superar, únicamente rutina, nada que recordar; ni siquiera seríamos capaces de descubrir quiénes somos. Si no hay sucesos no hay historia, no hay identidad. No podríamos decir: «Mira lo que me sucedió, sé quién soy porque sé de lo que soy capaz ante la adversidad». Los seres humanos son apasionantes porque su vida es una locura.

Este enfoque ayuda a tomarse la vida con resiliencia, una virtud muy importante para conseguir «imposibles», como la flamante vicepresidenta de Estados Unidos, que está llamada a hacer cosas aún más grandes.

Veamos los cinco atributos que permiten etiquetar a una persona como resiliente:

1. *Autoconocimiento*. Solo si sabes quién eres y aceptas tu historia, incluso las heridas, puedes asumir grandes retos.
2. *Empatía*. Para todos los grandes logros se necesita de terceras personas que nos ayuden, y solo nos ganaremos su favor con esta importante virtud.
3. *Proactividad*. Si no te mueves de donde estás, tendrás que resignarte a vivir de lamentaciones.
4. *Tolerancia a la frustración*. Asumir que las cosas no salen siempre a la primera. A veces ni siquiera a la segunda o a la tercera.
5. *Optimismo*. Por muy mal que lo hayas pasado, si fijas la mirada en lo bueno por venir y haces que pasen cosas, entonces eres resiliente.

---

**UN EJERCICIO DE RESILIENCIA**

Piensa en las peores cosas que te han sucedido en la vida y lo que aprendiste de ellas. ¿Quién eras antes y quién eres ahora? ¿Qué versión de ti te gusta más? A continuación, repasa los cinco atributos de la resiliencia. Si te falta alguno de ellos, analiza qué podrías hacer para incorporarlos a tu kit vital.

---

# 9

## Si me buscas, me encontrarás

Si algo no puede decirse de Kamala Harris es que tenga mano blanda. De hecho, durante su candidatura en el tándem demócrata, fue muy criticada por los jóvenes de corte más alternativo, debido a la persecución penal por posesión de marihuana.

Aunque, durante un acto televisado en Salt Lake City, ella prometió despenalizar la marihuana y cancelar los antecedentes de quienes han sido condenados por ello, lo cierto es que su experiencia como fiscal la lleva a actuar de forma muy específica a la hora de tomar decisiones difíciles, como explicó en una entrevista a *The New York Times*. «Soy una fiscal de carrera. Me han formado para ello, y mi experiencia durante décadas es tomar decisiones después de una revisión de las pruebas y los hechos [...]. Algunos interpretan eso como cautela, pero yo diría que es solo responsabilidad.»

Antes o después, todos nos encontramos en momentos en los que hay que tomar decisiones difíciles, como:

- Terminar una relación amorosa.
- Marcharnos de un trabajo que nos está robando la vida.
- Evitar personas tóxicas que nos complican la existencia.

- Explicar que no queremos aquello que no podemos tolerar (la maestría está en hacerlo con las palabras y el tono justo).
- Manifestar lo que necesitas de manera clara y asertiva.

Aunque muchas de estas acciones nos desagradan, son necesarias si queremos ser justos con nosotros mismos.

---

**TU PROBABILIDAD DE ÉXITO SEGÚN TIM FERRISS**

El autor de *La semana laboral de 4 horas* se hizo famoso, además de popularizar la Ley de Pareto (o regla del 20/80), por esta frase: «El éxito de una persona en la vida se mide por la cantidad de conversaciones incómodas que está dispuesta a mantener».

Puntúa del 1 al 10 tu capacidad para mantener esta clase de conversaciones. Si la nota es baja, tus posibilidades de éxito también lo serán. Lo bueno es que, a partir de esta toma de conciencia, puedes investirte de Kamala y cambiar.

---

# 10

## Un plan para triunfar

Todos deberíamos tener una hoja de ruta, algo en lo que basar nuestras acciones, ese GPS que nos indica por dónde ir y por dónde es mejor no aventurarse. Creo que el problema de mucha gente es que no tiene ese plan trazado. Está tan perdida como un barco en plena tormenta, y va a la deriva sin saber que ha delegado su poder y que ahora el capitán del barco es otro.

En estos momentos de infinitas oportunidades, disponer de un plan bien definido es más importante que nunca. Con internet, se ha abierto ante nosotros un mar de posibilidades en todos los ámbitos. Ahora, es más fácil encontrar a personas con las que intimar, formaciones interesantes que realizar, o posiciones laborales que ocupar. Y eso es precisamente lo que lo hace tan complejo. Este exceso de información puede hacer que nos perdamos en un laberinto y no encontremos así nuestro verdadero lugar en el mundo.

Ahora más que nunca es importante aprender a *decir no* a todo aquello que te desvíe de tu camino. Hay muchas oportunidades, sí, pero no todas son para ti. En la vida, cada uno de nosotros puede hacer un número determinado de cosas; si pretendemos abarcar demasiado, corremos el riesgo de ir dando tumbos de un lado para otro. Como ocurre con todos los hábitos, uno aprende a decir no a base de fuerza de voluntad al principio, y por pura repetición y sin esfuerzo al final.

Sobre esto último, hay un relato especialmente significativo. Cuentan que paseaban un maestro y su alumno por el bosque y el maestro le dijo al alumno:

—Por favor, recoge esa bellota que tienes a tus pies.

El alumno la recogió y siguieron andando. Al rato, vislumbraron un pequeño árbol, de apenas unos meses de vida. El maestro instó al alumno otra vez:

—Arráncalo.

Extrañado, el alumno, con bastante reticencia, hizo lo que le pedía el maestro. Prosiguieron su camino y se toparon con un gran roble.

—Arráncalo —le ordenó el maestro al discípulo.

—Pero maestro... ¡es imposible arrancar este roble enorme!

Y, en efecto, así era.

Así como los robles se hacen grandes y fuertes a partir de una pequeña semilla que es la bellota, también los hábitos nacen de algo que pasa inadvertido y acaba convirtiéndose en algo tan enraizado que resulta casi imposible hacer desaparecer.

Por eso es tan importante incorporar a nuestra vida el hábito de la asertividad, atrevernos a decir no a ciertas cosas, para, de ese modo, poder decir sí a muchas otras.

De hecho, según la neurociencia, una vez asentado, un nuevo hábito no desaparece nunca.

## TRAZA TU PLAN

Así pues, si eres de los que aún no tiene un plan específico porque no sabe exactamente lo que quiere, voy a darte unos consejos para acotar al máximo y, al menos, saber qué es lo que *no* quieres.

Imagina tu vida dentro de cinco años. Haz un listado con todas las preguntas que se te ocurran, con respuesta A o B, sobre el tema que te ocupa.

Si es en el ámbito profesional, empieza por preguntas cómo: ¿Trabajas en una empresa o por cuenta propia? ¿Trabajas en contacto con la gente o ideando y gestionando desde la parte trasera? ¿Tienes un trabajo fijo o eres un nómada digital?

Haz este ejercicio sin pensar en lo que es más deseable, lo que está mejor valorado o lo que quedaría más *cool*. Responde de forma espontánea, sin pensarlo dos veces.

Tus respuestas deben reflejar aquello que te gustaría atraer a tu vida para tu futuro próximo. Asegúrate de que conecta con tu verdadero yo y sus necesidades. Deja a un lado lo que los demás esperan de ti y determina qué es aquello por lo que vas a luchar.

# 11

## El punto de inflexión

Los puntos de inflexión son esos momentos o situaciones que suceden de forma absolutamente inesperada, a raíz de los cuales tu vida cambia... y nada vuelve a ser como antes.

Tenemos unos cuantos puntos de inflexión a lo largo de la vida y son momentos cruciales, porque, dependiendo de cómo escojamos, nuestra vida tomará un rumbo u otro. Si bien es cierto que muchas veces estas circunstancias llegan como fuerzas externas sobre las que no tenemos ningún control, *nuestra respuesta a estos acontecimientos es lo que va a marcar nuestro camino* a partir de entonces.

A veces, estos puntos de inflexión aparecen en la vida en forma de calamidades, y lo que era nuestra realidad hasta entonces se ve por completo transformada, sin que podamos hacer nada para evitarlo. Estos sucesos van a cambiar literalmente nuestro rumbo, pero está en nuestras manos decidir cómo, hasta qué punto esto nos afectará y de qué manera.

Como dijo Stephen Covey, en la vida, *el 10 por ciento es lo que te ocurre y el 90 por ciento restante es cómo reaccionas ante ello*, y eso es lo que marca la diferencia.

Todos los sucesos que acontecen a lo largo de la vida son susceptibles de impactarnos positiva o negativamente, según cómo los interpretemos y el poder que les otorguemos.

Todos los grandes cambios que nos sobrevengan, estén revestidos al principio de una pátina positiva o negativa, pueden ser positivos si adoptamos una actitud madura. Los puntos de inflexión son momentos de gran progreso, ya sea emocional, laboral o personal, ya que suponen romper los esquemas con los que veníamos operando.

---

**PUNTOS CLAVE**

Hay dos tipos de puntos de inflexión: los que ocurren como recompensa a nuestro esfuerzo, y los que llegan como situaciones externas que no controlamos.

El poder que otorgues a esos cambios externos depende exclusivamente de ti.

Recuerda: con la actitud adecuada, todos los cambios y puntos de inflexión pueden ser positivos.

---

# 12

# Presenta como un líder

Kamala Harris afirma que «cualquier persona que se presente como líder tiene que hablar como un líder, y eso implica hablar con integridad y verdad».

Estos son dos valores necesarios para ser coherentes con el mensaje y con uno mismo. Sin embargo, hace falta algo más para liderar a una audiencia que aún no está convencida de lo que quieres venderle.

Se trate de defender tu proyecto en una reunión de empresa, de ganar apoyos en una campaña electoral o de convencer en un ámbito más íntimo, hay una serie de técnicas que puedes aprender. Y, en la historia contemporánea, quizá uno de los mejores presentadores ha sido Steve Jobs.

En su libro *The Presentation Secrets of Steve Jobs*, Carmine Gallo enumera algunos de estos trucos del genial cofundador de Apple:

1. *Expresa tu mensaje en 140 caracteres*. De hecho, lo ideal sería definir el producto con una sola línea, como «El portátil más delgado del mundo», que se usó para el Macbook Air. ¿Serías capaz de resumir tu mensaje en una sola línea?
2. *Busca un enemigo*. Eso funciona en las películas de acción, pero también en las presentaciones, ya que

con ello consigues que la audiencia se ponga de tu parte. Recordemos que el primer anuncio de Apple, emitido durante la Superbowl, desafiaba el *establishment*.

3. *Céntrate en los beneficios.* ¿Qué ganan los demás con lo que yo les estoy ofreciendo? Hay que enunciarlo de forma clara y concisa.

4. *Aplica la Regla de Tres.* Divide tu discurso en tres grandes bloques con una gran idea principal en cada uno. Es fundamental que esté bien estructurado.

5. *Usa palabras «gancho».* Steve Jobs siempre salpicaba su discurso con palabras como «asombroso», «magnífico», «espectacular» y similares. Con ello, lograba contagiar euforia a su público.

---

### CREA INTRIGA EN TU DISCURSO

El truco magistral de Steve Jobs, a la hora de presentar un nuevo producto de Apple, era su capacidad para crear el momento dramático de la presentación. Para ello, iba enumerando las características de un producto que, a veces, no mostraba hasta al cabo de varios minutos.

Al igual que en una novela de misterio, la intriga se consigue retrasando aquello que la gente quiere saber, mientras les vas dando otros detalles.

---

# 13

## La herencia de los abuelos

Si has tenido la suerte de tener a tus abuelos cerca durante tu infancia, muy posiblemente tengas grandes recuerdos de ellos, de lo que te enseñaron y de lo que vivisteis juntos.

En el caso de Kamala, la influencia de sus abuelos maternos, ambos de la India, fue profunda y sentó las bases de los valores que la han convertido en la mujer que es.

Su abuelo materno fue quien, durante los paseos de ambos por la India, la introdujo a los conceptos de *igualdad y empatía*. Era un hombre revolucionario para su época, en una India con un arraigado sistema de castas que, aún a día de hoy, discrimina a sus ciudadanos según la familia en la que han nacido. Él creía en la igualdad de derechos y de oportunidades para todos, en tratar a todo el mundo de la misma forma sin tener en cuenta sus orígenes.

Sin duda, la igualdad está muy arriba en el ranking de valores de Kamala Harris, como así lo ha demostrado en numerosas ocasiones. Tratar a los demás con respeto y desde la empatía son cualidades que ha desarrollado a lo largo de su vida y que le han permitido llegar hasta la cima de la política estadounidense. Y es que, no nos engañemos, *tan importantes son las habilidades intelectuales de una persona como su inteligencia emocional*.

Los abuelos suelen dejarnos enseñanzas que, de forma consciente o no, llevamos con nosotros toda la vida. Muchas de estas pueden ser extremadamente valiosas, porque provienen de la experiencia de muchos años de vida. En las tribus indígenas, al miembro más anciano de la tribu se le considera un hombre sabio y, como tal, es venerado por todos; por ello, tiene siempre la última palabra en asuntos de gran importancia.

En el caso de Kamala, su abuelo le enseñó, tras años viviendo en la India, un país con sistema de castas, a tratar a todo el mundo por igual, pues su experiencia le dijo que ese era el camino correcto.

Seguro que a ti también te han transmitido valores desde la experiencia, ya sean tus abuelos o gente mayor a la que conozcas. La experiencia brinda más conocimiento y sabiduría que la astucia o inteligencia inherentes a una persona. No dejes pasar por alto esos consejos de los mayores porque, en muchas ocasiones, esas enseñanzas fruto de la experiencia son oro puro.

---

### REVISA LOS VALORES QUE TE DEJARON TUS MAYORES

¿Conociste a tus abuelos? ¿Cómo se comportaban? ¿Qué valores intentaron inculcarte? ¿Te relacionas a menudo con gente de tu área profesional que tenga muchos más años de experiencia que tú?

Intenta cultivar estas amistades e imprégnate de los consejos que pueden darte quienes ya han recorrido el camino. El mundo cambia constantemente, pero el valor de la experiencia sigue siendo el mismo.

---

# 14

## Al mirar atrás

Volviendo a Steve Jobs, en su famoso discurso de graduación en la Universidad de Stanford, dijo que, en algún momento de tu vida, podrás mirar atrás y conectar los puntos que te han llevado al lugar que ahora ocupas, y que entonces todo cobrará sentido. Todo lo que fue y lo que no, los desvíos que tomaste en el camino, todo ello adquiere un significado cuando aceptas que debía ser así para disfrutar de la buena posición que ocupas en la actualidad.

Años después de que le echasen de Apple, la empresa que él fundó, Jobs entendió que ese despido fue una de las mejores cosas que le habían ocurrido en la vida.

Del mismo modo, seguro que en algún momento Kamala entenderá por qué no salió elegida candidata demócrata a la presidencia de Estados Unidos, pero eso solo puede apreciarse cuando uno mira al pasado, nunca desde el presente hacia el futuro.

Podemos tener una dirección y unas intenciones definidas y, de hecho, es necesario que sea así, pero *no podemos controlar el desarrollo de los acontecimientos*. Seguro que hay cosas en tu vida que, en su momento, no entendías pero que ahora, al mirar atrás, cobran todo el sentido del mundo. Esa es la magia de la vida, a veces incomprensible, pero siempre acertada.

Ser capaz de mirar al pasado con cariño y comprensión, en vez de con resentimiento, dependerá exclusivamente de ti. Pues es en el futuro cuando logramos conectar esos puntos y ver las cosas con perspectiva, pero es en el presente cuando debemos actuar con coherencia y diligencia.

Se trata ni más ni menos de saber fluir con la vida, del concepto taoísta del *wu wei*, o del «no hacer».

Lejos de ser una invitación a la holgazanería, este concepto nos invita a ir por la vida como si esta fuera un río, bajando por él con gracia, esquivando rocas y ramas, pero sin desviarnos de nuestro camino y, por supuesto, sin intentar ir a contracorriente.

¿Qué le habría sucedido a Steve Jobs si, tras ser despedido de Apple, hubiera decidido llevarlos a juicio, hacer lo posible para recuperar su posición o, peor aún, intentar arruinar la empresa que él mismo fundó? Este sería un buen ejemplo de ir a contracorriente, de querer remontar el río cuando el agua te lleva obviamente hacia abajo.

Es mucho mejor fluir, porque en ese arte encontrarás nuevas oportunidades, y, en un futuro, podrás conectar con satisfacción los puntos de tu vida.

Jobs acabó creando otra empresa muy rentable, Pixar, y volvió a trabajar en Apple. Imagina todo lo que se habría perdido si hubiera centrado su energía en destruir a los demás, en lugar de usarla para crear nuevas cosas bonitas.

Un buen deseo para ti es que, al mirar atrás, veas que en tus actos hay fluidez, aceptación y amor. No llenes tus días de rencor, pues al único que este destruirá es a ti.

## PARA PRACTICAR

¿Hay algo que te haya hecho daño o que no haya ido como a ti te habría gustado? Deja que se aleje de ti, no pienses más en ello. En nuestra vida hay tanta gente que nos quiere y tantas situaciones que nos son favorables, y, sin embargo, acabamos centrándonos una y otra vez en esas personas a las que no caemos bien, o en aquello que nos ha salido mal. Dedica tu energía a todo lo bueno, porque lo que no ha sido no debía ser, y quien se aleja de ti es porque no debía estar a tu lado.

# 15

## No hay acción pequeña

Así como Obama supuso una inspiración para muchas personas de color que vieron cómo se rompía su techo de cristal, el ejemplo de Kamala es igual de poderoso, como primera mujer en asumir esa responsabilidad y, además, de raza negra.

Entre las figuras de la historia moderna de Estados Unidos que han inspirado a Kamala Harris está Rosa Parks. Recordemos el valiente ejemplo de esta trabajadora de Montgomery, que el 1 de diciembre de 1955 tomó una decisión aparentemente anecdótica, pero que cambiaría la historia de su país.

Decidió no levantarse de su asiento en el autobús para cedérselo a un pasajero blanco.

En plena era de la segregación racial, el conductor del vehículo avisó a la policía y Rosa Parks fue a prisión por conducta inapropiada.

Más tarde, declararía que «*Cada* persona debe vivir su vida como un modelo para otros», aunque en su momento era incapaz de imaginar adónde llevaría su pequeño acto de rebeldía.

¿Será que no hay acto pequeño cuando nos guiamos por la justicia?

Clifford Durr, un abogado blanco que defendía los derechos de los afroamericanos, se hizo cargo de la fianza de Rosa Parks, pero la mecha ya se había prendido.

El día del juicio a Rosa Parks, la población negra se unió para iniciar el boicot al transporte público, del que eran los principales usuarios. Martin Luther King propuso que ningún afroamericano subiera a un transporte público hasta que todos los ciudadanos, sin distinción, pudieran sentarse en los autobuses «según el orden de ascenso».

Este boicot duró trescientos ochenta y un días, y, durante ese tiempo, los taxistas afroamericanos llevaban a los pasajeros a sus trabajos por el precio de un billete de autobús. La compañía acabó entrando en números rojos.

El 13 de diciembre de 1956, la Corte Suprema de Estados Unidos declaraba por unanimidad que segregar pasajeros por su raza en el transporte público era inconstitucional.

No hay acción pequeña cuando está dotada de un profundo significado.

En 1999, pocos años antes de su muerte, Rosa Parks recibió la Medalla de Oro del Congreso de manos de Bill Clinton. El entonces presidente de Estados Unidos dijo, emocionado: «Al sentarse, se levantó para defender los derechos de todos y la dignidad de Estados Unidos».

---

**TU ACTO KAIZÉN**

Los japoneses son muy amantes de esta filosofía que se traduce como *mejora continua*, y que consta de actos muy pequeños, uno cada día, que, sumados, acaban causando un gran impacto.

Como decía Lao-Tse hace dos milenios y medio, todo empieza con un paso. ¿Qué pequeña acción puedes emprender para empezar a cambiar tu destino?

---

# 16

## Perseverancia y *aceptología*

La capacidad de perseverar ante la adversidad y fluir con lo que trae la vida son dos grandes cualidades que Kamala comparte con la mayoría de personas de éxito.

A primera vista, podría parecer que perseverancia y *aceptología* —es decir: el arte de aceptar— son opuestos. La perseverancia te empuja a seguir en tu camino a pesar de los inconvenientes, los problemas o la falta de resultados aparentes. Por otro lado, la *aceptología* te invita a asumir la vida tal y como te viene dada, sin luchar en contra del flujo de la vida.

Las personas más exitosas son expertas en diferenciar cuándo se enfrentan a una situación que requiere hacer uso de la perseverancia y cuándo se trata de una situación que demanda aceptar lo que nos viene dado. En términos generales, creo que la diferencia sutil radica en la distinción entre el *qué* y el *cómo*.

La perseverancia debe usarse para todo aquello que nos llevé al *qué*, a nuestro objetivo último, ese lejano largo plazo que visualizamos en nuestro interior. Este gran destino tiene que guiar nuestras acciones como si se tratara del punto final en nuestro recorrido en el GPS. Allí es donde queremos llegar, y allí es donde llegaremos. Ahora bien, ¿*cómo* vamos a llegar hasta allí? Aquí es donde entra en juego la aceptación de las vicisitudes de la vida, de los cambios de rumbo imprevistos y de las aparentes contrariedades que nos trae el destino.

Se trata de tener claro hacia dónde nos dirigimos, cambiando de rumbo y haciendo las cosas de otro modo cuando sea necesario. La perseverancia es de los ganadores, pero estos no se ponen a picar piedra en el lugar incorrecto. A la vez que perseverancia, también exhiben altas dosis de flexibilidad y adaptabilidad, una cualidad cada vez más necesaria en los tiempos que corren.

Alguien que se adapta fácilmente a los cambios sin perder el foco prosperará en esta época de cambios exponenciales y disrupciones continuas. Por eso no basta con perseverar. Cuando algo se tuerce, hay que saber aceptarlo y proseguir por otra vía. Cuanto más rápido se encauce la nueva dirección, más probabilidades hay de salir victorioso.

Los grandes líderes son visionarios porque ven la meta final y, además, no dudan en fluir con los acontecimientos con los que se van encontrando hasta llegar a la meta.

Sobre esto, hay una fábula china sobre los peligros de perder de vista el objetivo de uno.

Hace muchos años, un humilde ganadero chino perdió una cabra, y pidió a todos los vecinos que le ayudaran a encontrarla, incluido al sirviente de Wei Yi, un maestro muy famoso del lugar al que acudían cada año muchos estudiantes.

El maestro le preguntó:

—¿Tantas personas necesitas para encontrar a tu cabra?

—Sí, y muchas más... porque en la montaña hay muchos caminos, y no sé por cuál se habrá ido mi cabra...

El maestro asintió y se retiró. Esa misma noche regresaron todos después de una intensa búsqueda, y Wei Yi salió a preguntar:

—¿Y qué? ¿Has encontrado la cabra?

—No ha habido manera... —respondió él, apesadumbrado.

– ¿Y por qué no la habéis encontrado? —preguntó de nuevo el maestro.

—Porque hay demasiados caminos, y uno conduce a otro. Encontrar a mi cabra es imposible.

Desde ese instante, el sabio Wei Yi se mostró muy pensativo e incluso dejó de sonreír. No quería hablar con nadie. Se quedó meditando sobre lo que acababa de oír.

Uno de sus discípulos, extrañado, acudió a ver a otro maestro para contarle lo que le pasaba a Wei Yi.

—No habla, ni sonríe... Se pasa todo el día pensando...

—Cuando hay demasiados senderos, un hombre no puede encontrar a su cabra —respondió el sabio—. Y, cuando alguien decide dedicarse a demasiadas cosas, pierde su ruta y malgasta su tiempo. Siendo discípulo del mejor maestro, parece que no has aprendido nada...

## NO PIERDAS TU FOCO

Cuando le abres la puerta a demasiados caminos, pierdes el foco y te dispersas. Es imposible perseverar en algo cuando tienes mil cosas en la cabeza. Prioriza tu objetivo final y no lo pierdas de vista. La vida te irá guiando por los caminos que debes recorrer para llegar hasta él, pero en ningún caso serán todos los caminos disponibles a tu alrededor.

Recuerda: *puedes hacer de todo, pero no puedes hacerlo todo*. También para tener foco, menos es más.

# 17

## El poder de la empatía

Kamala Harris se posicionó claramente a favor de ampliar la cobertura sanitaria en Estados Unidos, diciendo: «¿Quién de nosotros no se ha encontrado en esa situación, en la que tiene que esperar a la aprobación de un servicio médico y el facultativo dice: "Bueno, no sé si su compañía de seguros cubrirá esto...". Acabemos con eso. Necesitamos avanzar».

La empatía, sin embargo, no se limita a desear lo mejor para los demás, sobre todo para aquellas personas que atraviesan un mal momento. También implica perdonar a quienes nos han hecho daño o nos han decepcionado por algún motivo.

Sobre esto, hay un ejercicio muy poderoso del *coach* uruguayo Mario Reyes, especialmente indicado para despertar la empatía hacia miembros de nuestra familia por los que sentimos resentimiento. Las vivencias negativas que muchas veces se entremezclan con el amor hacen que a menudo no logremos tener una relación armoniosa y empática.

Para sanar este tipo de relación, incluso si ya no viven o no tenemos contacto con ellos, este ejercicio de gratitud nos situará en un lugar diferente:

1. Divide un folio en tres columnas y decide qué persona será el objeto de tu análisis.
2. En la columna de la izquierda, escribe tres virtudes que has aprendido de él o ella.
3. En la columna del centro, anota tres defectos de esta persona que siempre te han irritado.
4. En la columna de la derecha, escribe el opuesto para cada defecto.
5. A continuación, tapa la columna del centro y date cuenta de que tú eres, gracias a esa persona, lo que has aprendido por imitación, pero que también has desarrollado la virtud opuesta respecto a lo que te desagradaba.
6. Cerraremos el ejercicio diciendo: «Querido..., te doy las gracias porque me has enseñado a ser... (columna izquierda) y como reacción a lo que no me gustaba me has enseñado a ser... (columna derecha)».

---

**PERDÓNATE TÚ TAMBIÉN**

No sirve de nada tener empatía hacia los demás si no la tienes antes contigo mismo. Del mismo modo que es sano perdonar las afrentas recibidas, debes perdonarte también por tus errores y malas decisiones del pasado.

Te encuentras ahora en un lugar distinto y no necesitas cargar con esa mochila. Has cambiado de rumbo y puedes caminar ligero.

# 18

## Autenticidad: un valor seguro

Charles Horton Cooley, un sociólogo estadounidense de principios del siglo XX, solía decir: «El problema de hoy en día es que no soy lo que creo que soy, ni soy lo que tú crees que soy, soy lo que creo que tú crees que soy».

Léelo otra vez. Ha pasado casi un siglo desde que Cooley murió, ¡y la realidad sigue siendo la misma!

Vamos por la vida con máscaras, capas de superficialidad que esconden nuestra verdadera esencia. Todo con la esperanza de gustar a los demás o de no exponernos demasiado por miedo a que nos hieran.

Los problemas de identidad son la causa de la mayoría de nuestros problemas. Si estás interpretando un papel o enterrado bajo una capa de máscaras, entonces estás viviendo una vida que no es la tuya. Y el problema reside en que mucha gente lleva tanto tiempo metida en estos papeles que creen que son su realidad. Han olvidado por completo su verdadera naturaleza, están desconectados de su auténtico ser.

*Todos, en mayor o menor grado, interpretamos un papel*: desempeñamos un papel en el trabajo, otro en el entorno familiar, otro con los amigos... y acabamos creyendo que ese papel que interpretamos somos nosotros, y entonces nos perdemos. Y por eso creo que estamos constantemente intentando atrapar cosas que no son importantes para nosotros; porque, al conseguirlas, seguimos sintiendo ese enorme vacío.

Te propongo un ejercicio para resolver eso.

En primer lugar, haz una lista de todo aquello que intentas obtener en tu vida en estos momentos, de todo aquello que estás luchando por conseguir.

En segundo lugar, pregúntate cuál es el origen de esas necesidades, de dónde proviene la idea de ese deseo. Por ejemplo, imaginemos que estás intentando convertirte en un emprendedor. ¿De dónde surgió esta idea? Quizá últimamente ves a muchos emprendedores por internet alardeando de este estilo de vida, y criticando una carrera profesional como empleado en una empresa. Así pues, tu deseo proviene de lo que alguien predica, que puede o no ser cierto para ti.

En último lugar, debes preguntarte qué es lo que de verdad proviene de tu interior. Qué te hace vibrar, sin considerar lo que digan los demás o tu entorno.

Así, puedes empezar a filtrar el ruido y escuchar tu propia voz, que quizá llevaba años enterrada.

Las personas auténticas son las que consiguen llegar a los demás, las que impactan y dejan un legado. Personas con carisma y seguras de sí mismas, capaces de ser la oveja negra del rebaño y pensar «fuera de la caja». La innovación y la creatividad solo pueden llegar desde la autenticidad, porque, sin ella, no somos más que robots a merced de las directrices de la sociedad.

## EJERCICIO PRÁCTICO

¿Sabías que reconectar con tu niño interior puede darte mucha información acerca de quién eres realmente? Cuanto más pequeños, más puros somos, libres de condicionamientos sociales que, poco a poco, van haciendo mella en nosotros, o de preferencias externas que nos dicen lo que es más deseable y lo que no, qué es normal y qué es raro.

Piensa en tu infancia. ¿Qué es lo que más te gustaba hacer? ¿Qué se te daba bien? ¿En qué destacabas? ¿Qué cualidades solían elogiar los demás de ti? ¿Cómo te imaginabas en el futuro? En la respuesta a estas preguntas yace, dormida, gran parte de tu verdadera identidad.

# 19

## El arte de cumplir tus sueños

La cultura estadounidense, con todos sus defectos, es célebre por su optimismo a la hora de trazar planes. Hay quien tacha esa característica de naíf, pero lo cierto es que no ponerse límites mentales es una gran ventaja para tener éxito en la vida.

Como decía Jean Cocteau: «Lo hicieron porque no sabían que era imposible». Y ese es el caso de Lou Holtz, un estadounidense que en la década de 1960 se hallaba en una situación crítica y llegó a la siguiente conclusión: «Si te aburre la vida, si no te levantas cada mañana con el ardiente deseo de hacer algo, es que no tienes suficientes objetivos».

A los veintiocho años, había perdido su empleo, no tenía un centavo y su mujer estaba embarazada de ocho meses.

Para salir de aquella negra situación, Lou Holtz decidió sentarse a redactar una lista de deseos de lo más alocada. Lo explicaba así en una entrevista:

Mi mujer volvió a su trabajo como técnica de rayos X y yo me convertí en el papá-que-está-en-casa. Y fue en aquel tiempo, sintiéndome deprimido, cuando ella me compró aquel libro en que hablaban sobre objetivos e hice cinco categorías: cosas que quieres hacer como marido y padre, cosas que quieres lograr a un nivel religioso, cosas que quieres conseguir en el ámbito financiero, cosas que quieres hacer en el terreno profesional y, por último, cosas que quieres hacer a nivel personal (como saltar de un avión, ir en un submarino, estar en un Tonight Show, hacer magia, ir a cenar a la Casa Blanca o visitar al Papa). Mi mujer sugirió añadir «conseguir un empleo», y ese fue el objetivo ciento ocho.

Tras redactar ciento ocho deseos, muchos de los cuales parecían verdaderos disparates, Lou Holtz pasó a la siguiente fase: «Una vez has escrito todo lo que quieres conseguir en la vida, asegúrate de que cada día haces algo concreto para cumplir al menos uno de esos sueños».

Y lo mejor de todo es que llegó a cumplir casi todos los imposibles, como conocer al Papa, cenar en la Casa Blanca y noventa propósitos más de la lista.

---

### LOS SEIS PASOS DEL MÉTODO HOLTZ

1. Decide lo que quieres lograr y cuándo quieres lograrlo.
2. Averigua qué necesitas aprender para conseguirlo.
3. Medita con quién necesitas trabajar para llegar a tu objetivo.
4. Plantéate cuáles son los obstáculos que te encontrarás.
5. Elabora una estrategia.
6. Explícale a los demás por qué saldrán ganando si se asocian contigo.

---

# 20

## Somos el presente y el futuro

No importa de dónde vienes sino adónde vas. Da igual lo que hayas hecho hasta este momento, ni tú ni nadie debería juzgarte por ello. *Lo importante es lo que estás haciendo ahora.* Tu pasado no predice dónde acabarás en el futuro, pero tu presente sí.

Si tienes claro hacia dónde vas, empieza a poner rumbo en esa dirección hoy mismo. Y, si no sabes cuál es tu destino, lo primero es averiguarlo. Conocerte a ti mismo y tener un propósito de vida es fundamental porque, si no, serás como un barco sin timón, que acaba a la deriva, a merced de las olas.

Olvídate de lo que has hecho hasta ahora. Date la oportunidad de empezar de nuevo, con una mente de principiante, y pregúntate en quién necesitas convertirte hoy para transformarte en aquella persona que quieres ser en el futuro.

Recordemos que según James Clear, el autor de *Hábitos atómicos* del que ya hemos hablado, debemos centrarnos en cambiar la persona que somos, nuestra identidad. ¿Qué tipo de persona obtiene los resultados que tú desearías conseguir?

Trabaja para convertirte en ese tipo de persona. Por ejemplo, si quieres escribir un libro, piensa en qué tipo de persona podría escribirlo. Para mí, la respuesta es alguien que escribe todos los días.

Entonces hazlo.

Cuando cambias tu forma de ser, incorporar los hábitos que deseas es más fácil, y los resultados fluyen y vienen alineados con esa nueva identidad.

Toma conciencia de qué hábitos de tu rutina diaria te están perjudicando y cuáles te ayudan a ser esa persona que deseas ser.

---

### CHEQUEA TUS HÁBITOS

Te propongo que mañana te pases el día haciendo un repaso a los hábitos que has incorporado en tu rutina. Anota todo lo que haces cada día en piloto automático y, justo al lado, escribe + si es un hábito que te beneficia, - si es un hábito que sería mejor no perpetuar, o = si es un hábito neutro.

Apagar la alarma del despertador, por ejemplo, sería un hábito neutro, a no ser que la pospongas durante media hora.

---

# 21

## El arte de conversar

Kamala Harris ha llegado adonde está, entre muchas otras virtudes, por su dominio de la palabra, y no solo en conferencias y discursos. Antes de acceder a un puesto de alta responsabilidad, es necesario haber conversado con muchas personas y haberlas convencido con tus palabras. Para ello, es esencial dominar el arte de la conversación, algo muy implantado en la cultura anglosajona moderna.

Ya en 1875, Cecil B. Hartley —pseudónimo de la escritora Florence Hartley— listaba en su *The Gentlemen's Book of Etiquette* (Guía de un caballero de etiqueta) diez secretos aún vigentes para dominar este arte que conduce al éxito:

1. Aunque estemos convencidos de que el otro está equivocado, en lugar de discutir, es aconsejable cambiar hábilmente de conversación. Es absurdo pretender que los demás estén de acuerdo en todo con nosotros.

2. Nunca hay que interrumpir ni anticiparnos a la historia de nuestro interlocutor. Saber escuchar es la regla de oro del buen conversador.

3. Evitemos poner cara de fatiga durante el discurso de otra persona, así como distraernos con otra

cosa mientras está hablando. Hartley mencionaba como entretenimientos «mirar el reloj, leer una carta u hojear un libro». El equivalente actual sería la irritante costumbre de mirar el móvil.

4. La modestia nos ahorrará muchas antipatías. No hay que exhibir conocimientos, méritos o posesiones que hagan sentir a los demás que se encuentran en una situación de inferioridad.

5. No es necesario hablar de uno mismo, a no ser que nos pregunten. Nuestros interlocutores sabrán de nuestras virtudes sin necesidad de que se las precisemos.

6. La brevedad ocurrente es siempre más eficaz que entregarse a largos discursos o a historias aburridas.

7. Criticar o comparar unas personas con otras, así como censurar a los ausentes, puede parecer divertido, pero acabaremos causando una mala impresión.

8. Nunca hay que señalar ni corregir los errores en el lenguaje de los demás, aunque sean extranjeros, ya que se sentirán humillados por la observación.

9. No hay que ofrecer asistencia o asesoramiento a no ser que nos hayan pedido consejo expresamente.

10. El elogio excesivo crea desconfianza, pues nuestro interlocutor puede pensar que tenemos intenciones ocultas.

## SI ESCUCHAS, TIENES YA MUCHO GANADO

En una película protagonizada por Ethan Hawke, este daba el siguiente consejo a su hijo para conquistar a alguien: «Si preguntas a una chica y sabes escuchar su respuesta, tendrás ya una importante ventaja sobre la competencia».

Es cierto, hay pocas personas que escuchen, por eso es una cualidad muy apreciada para tener éxito social. Ello requiere poner atención plena en lo que nos están diciendo, sin distraerse con otras cosas —en especial con los dispositivos móviles— ni preparar mentalmente la respuesta antes de que la otra persona haya terminado de hablar.

# 22

## El valle de los desencantados

Los resultados no se obtienen con transformaciones excepcionales que ocurren un par de veces en la vida, sino que, como hemos visto, son el fruto de nuestros hábitos diarios. El futuro se construye con un buen presente, con pequeñas iniciativas que nos ayudan a definir la trayectoria adecuada para acabar en el punto en el que deseamos.

No es tan importante el punto en el que te encuentras ahora como la trayectoria que estás siguiendo. Si tus hábitos son beneficiosos para ti y están orientados hacia el destino correcto, el éxito está garantizado, independientemente de si ahora mismo estás viendo resultados o no.

El árbol necesita raíces fuertes para sustentar lo que es visible: tronco, hojas, flores y frutos. Nada de lo que podemos ver sería posible sin el trabajo muchas veces poco agradecido de echar raíces. Del mismo modo, trabajar en tu proyecto puede resultar desalentador cuando has invertido años en algo que aún no te está dando ninguna recompensa.

Es en este punto cuando es posible caer en el *valle de los desencantados*. Una planicie sin fin en la que hay mucho trabajo a las espaldas y muy pocos resultados visibles. Es desmoralizador, pero es importante no desviarse de la trayectoria en este punto.

73

Me encanta una cita del jugador de baloncesto Kevin Durant que dice así: «El trabajo duro gana al talento cuando el talento no trabaja duro».

No dejes que otros con menos talento que tú, pero con más resiliencia y más ganas, te quiten aquello por lo que has estado trabajando. El éxito es exponencial, y se culmina cuando menos te lo esperas, pero solo si logras superar el valle de los desencantados.

Una de las cualidades que más predice el éxito de una persona es el término anglosajón *grit*, o la pasión y perseverancia por los resultados a largo plazo. Esto es justamente lo que les permite atravesar ese valle desalentador sin resultados aparentes. Su compromiso con el largo plazo, la perseverancia a pesar de los pobres indicadores actuales y la fe en que todo el trabajo que han realizado dará resultados, les permiten seguir cuando la mayoría abandona. Por eso, es una de las cualidades más importantes que alguien pueda tener o desarrollar.

Si aún no has visto los resultados que esperabas, es posible que sea porque abandonas los proyectos antes de tiempo. Permítete ser paciente y perseverar hacia un único objetivo sin tirar la toalla y poder, así, experimentar los resultados que obtienen aquellos que deciden ir a por todas y no abandonar nunca.

Como dice un proverbio persa: «La paciencia es un árbol de raíz amarga, pero de frutos muy dulces».

## EJERCICIO PRÁCTICO

- Escribe cinco cosas que has empezado y en las que has fracasado (o has abandonado).
- Escribe cinco cosas que has empezado y has terminado con éxito.

¿Qué características en común tenían las cosas que terminaste con éxito?

Viéndolo con perspectiva, ¿crees que de no haber abandonado esas cinco cosas habrías tenido éxito?

La experiencia nos da una gran información acerca de cómo obrar en el futuro, pero solo si le prestamos atención y aprendemos de ella. De lo contrario, en cuanto se presenten nuevas oportunidades, continuaremos actuando como lo hemos hecho siempre. Y, ya sabes, como la cita que se atribuye a Einstein, «es de locos hacer lo mismo y esperar un resultado diferente».

# 23

## Feminismo e igualdad

El espíritu combativo de la mujer que inspira este libro, que nunca permitió que su raza ni su género pusiera freno a su crecimiento, lo heredó en buena parte de su madre. En palabras de la propia Kamala: «Mi madre nos crio a mi hermana Maya y a mí, y fue dura con nosotras. Nuestra madre medía metro y medio, pero, si la hubieras conocido, habrías pensado que medía tres metros».

Practicaba el feminismo de forma natural, con muchos menos apoyos de los que contamos ahora. Sin duda, Kamala conoce y ha leído el libro de pequeño formato *Todos deberíamos ser feministas* que sorprendió al público estadounidense al estar firmado por una nigeriana de nacimiento, Ngozi Adichie Chimamanda, que a los diecinueve años consiguió una beca para estudiar comunicación y ciencias políticas en Filadelfia.

En esta obra que se ha traducido en todo el mundo dice:

> Hombres y mujeres somos distintos. Hormonas distintas, órganos sexuales distintos y capacidades biológicas distintas: las mujeres pueden tener bebés y los hombres no. Los hombres tienen más testosterona y, por lo general, más fuerza física que las mujeres. La población femenina del mundo es ligeramente mayor —un 52 por

ciento de la población mundial son mujeres—, y sin embargo la mayoría de los cargos de poder y prestigio están ocupados por hombres. La difunta premio Nobel keniana Wangari Maathai lo explicó muy bien y de forma muy concisa diciendo que, cuanto más arriba llegas, menos mujeres hay.

¿Cuál es la manera de cambiar eso? Kamala Harris lo tuvo claro: demostrando con su propio ejemplo que las mujeres pueden llegar tan lejos como se lo propongan. No olvidemos que, además de las limitaciones que el patriarcado impone sobre el terreno, a la hora de acceder a trabajos o a una remuneración equivalente a la de un hombre, están todas aquellas trabas mentales que muchas mujeres se ponen por razón de género.

Cada vez que nos sorprendamos diciendo «esto es tarea para un hombre», recordemos las palabras de Ngozi Adichie Chimamanda:

En un sentido literal, los hombres gobiernan el mundo. Esto tenía sentido hace mil años. Por entonces, los seres humanos vivían en un mundo en el que el atributo más importante para la supervivencia era la fuerza física; cuanta más fuerza física tenía una persona, más números tenía para ser líder. Y los hombres, por lo general, son más fuertes físicamente. (Por supuesto, hay muchas excepciones.) Hoy en día vivimos en un mundo radicalmente distinto. La persona más cualificada para ser líder ya no es la persona con más fuerza física. Es la más inteligente, la que tiene más conocimientos, la más creativa o la más innovadora. Y para estos atributos no hay hormonas. Una mujer puede ser igual de inteligente, innovadora y creativa que un hombre.

## EDUCAR EN LA IGUALDAD

Dado que el machismo tiene milenios y ha impregnado todos los ámbitos de la cultura humana, también está presente en los cuentos que leen los niños, muy especialmente en los tradicionales.

Como ejercicio de liberación mental, si tienes hijos o sobrinos, te propongo la siguiente actividad:

- Coge un cuento que el niño o niña conozca donde el género marque una diferencia entre los roles de los personajes; por ejemplo, san Jorge y el dragón.
- A continuación, pídele que intercambie el género de los protagonistas —santa Georgina salva al príncipe indefenso y libera el pueblo— y lo contáis desde esta otra perspectiva.
- Para terminar, pregúntale: «¿Ha cambiado algo fundamental en la historia?». Conversad y reflexionad sobre esta cuestión y sus implicaciones en cómo vemos el mundo.

# 24

## La inspiración de Jacinda Ardern

Se espera que la popularidad de Kamala crezca más y más en los próximos años. Mientras tanto, una joven política de un país remoto ha sido ya una gran inspiración para hombres y mujeres de todo el mundo.

Hablamos de la primera ministra de Nueva Zelanda, que fue definida por el rotativo británico *The Guardian* como «una mezcla de acero y amabilidad». Considerada por muchos la líder más efectiva del mundo, al menos en el campo de la política, merece la pena que nos detengamos en algunos hechos que hablan de su valía:

- Cuando fue elegida para gobernar su país, en octubre de 2017, Jacinda contaba solo treinta y siete años. Se convirtió en la jefa de Estado más joven de la historia.
- No solo se bajó el sueldo al estallar la pandemia, sino que, adoptando medidas muy firmes, logró que su país fuera el primero en frenar el coronavirus.
- Dio a luz siendo primera ministra, lo cual la convirtió en la primera jefa de Estado —de cualquier género— de la historia en tomar una baja por maternidad.
- También fue la primera en llevar a su bebé a una reunión de la Asamblea General de Naciones Unidas. Fue en 2018.

- Tras seis semanas de baja, su pareja, el presentador de televisión Clarke Gayford, se hizo cargo de la pequeña para que Jacinda pudiera seguir dirigiendo el país.

Sobre esto último, declaró: «Tengo una pareja que puede estar a mi lado, que toma una gran parte de esta responsabilidad conjunta porque él también es el padre, no es un niñero».

Al ser elogiada por esta forma natural de conciliar maternidad y trabajo, Jacinda declaró con modestia: «No soy la primera mujer en realizar múltiples tareas. No soy la primera mujer en trabajar y tener un bebé; hay muchas otras que lo han hecho antes».

---

### LAS TRES CLAVES DE JACINDA ARDERN PARA EL LIDERAZGO

Según los analistas políticos, estos son los tres pilares que han llevado a lo más alto a la primera ministra neozelandesa, y que puedes aplicar tú también a tu vida:

1. HONESTIDAD. Solo puedes liderar si transmites confianza y transparencia, sin dobleces. Por ello, su lenguaje es siempre claro e inequívoco.
2. AGILIDAD. Un viejo proverbio budista reza: «La ayuda que llega tarde no es ayuda». Jacinda sabe poner en primer lugar lo que debe hacerse sin más demora. Como ejemplo, cambió la ley referente a la venta de armas tan solo seis días después de los tiroteos contra la mezquita de Christchurch.
3. EMPATÍA. Justamente tras este dramático incidente, acudió al lugar de la masacre con la cabeza cubierta, como es costumbre entre las mujeres musulmanas. Con ello se ganó el respeto y aprecio de las víctimas.

---

# 25

## Cuando a Roma fueres...

¿Eres capaz de integrarte en culturas distintas a la tuya? ¿Puedes conectar con gente que piensa de forma completamente distinta a ti?

La capacidad de adaptación a entornos distintos a los propios y a sus culturas suele ser otra característica de las personas más exitosas. Si eres de los que sospechan de quienes poseen esta calidad digna de un camaleón, lee con atención. Te sorprenderá saber que la habituación al entorno no se basa en la falsedad ni en el hecho de ponerse máscaras, sino que es una cuestión de supervivencia y que, además, funciona.

Las personas que saben adaptarse a círculos y situaciones muy dispares tienen un don de gentes que es una baza siempre a su favor. Consiguen ganarse la confianza de aquellos que piensan distinto, y eso se debe justamente a que saben meterse en la piel del otro. Se trata de personas muy empáticas y con gran inteligencia emocional, que entienden la situación en la que se encuentran los demás, aunque ellos no la hayan vivido.

Estas personas demuestran también una gran aptitud para ver las cosas con perspectiva. Se niegan a quedarse anclados en su visión rígida del mundo, que sería tan reducida como la de un caballo con anteojeras. Están abiertos a nuevas formas de mirar, a otras maneras de hacer las cosas y de afrontar las situaciones. Se dan permiso para dejar atrás su propia historia, sus creencias personales, para contemplar el mundo con ojos distintos.

Todo ello a sabiendas de que no existe una única realidad de lo que acontece a nuestro alrededor. La realidad es diferente para cada uno de nosotros, porque pasa por nuestros filtros de experiencias y creencias.

Si cuando vas a Roma, ejerces de romano —sin dejar por ello de ser tú mismo—, acabarás descubriendo que lo que habías considerado una verdad absoluta durante tantos años no es más que una realidad teñida de opiniones fruto de tu experiencia.

*Atrévete a cuestionar lo que das por hecho poniéndote en el lugar de los demás.* Intenta conectar con las otras personas desde el amor, sin prejuzgar.

Dicen que viajar abre la mente y el corazón. Y eso es porque empiezas a cuestionarte lo que dabas por sentado ya que te ves expuesto a maneras distintas de hacer una misma cosa, y con igual o mejor resultado.

¿Te atreves a dejar atrás tus prejuicios y a iniciar un viaje de apertura de miras? Te animo a conocer otras miradas, a relacionarte con gente que crees muy distinta de ti. Si crees que la meditación es una tontería, apúntate a algún curso y, después de cada clase, aprovecha para hablar con los participantes y conocer su punto de vista. O únete a un grupo de gente que corra por la montaña y que valoren el ejercicio activo por encima de todo.

Hay tantos puntos de vista como individuos en este mundo, pero las personas de éxito suelen ser capaces de entender e integrar varios de ellos.

## PUNTOS CLAVE

- La empatía, o el arte de saber ponerse en el lugar de los demás, es una característica propia de la gente más exitosa.
- Tu visión del mundo no es la realidad, está condicionada por tu experiencia.
- Cuestiona tus propias creencias haciendo algo con gente que piense muy distinto a ti.

# 26

## Emular a los grandes

Héctor García y Francesc Miralles dieron a conocer al mundo el concepto de *ikigai*, el propósito vital que da sentido a nuestra existencia. Hoy traducido a sesenta idiomas, su segundo libro sobre el tema, el manual práctico *El método Ikigai*, aborda en un capítulo una costumbre muy arraigada en el alma estadounidense: emular a las personas a las que admiramos.

Explican que Benjamin Franklin, que llegaría a ser uno de los padres fundadores del país, quiso compensar su origen humilde y su falta de estudios con un método propio de crecimiento personal.

Leyendo biografías de personajes a los que admiraba, con solo veinte años decidió adoptar de cada uno una virtud que él consideraba que le faltaba. En el caso de Franklin apuntó: la templanza, el silencio, el orden, la determinación, la frugalidad, la diligencia, la sinceridad, la justicia, la moderación, la limpieza, la tranquilidad, la castidad y la humildad.

Para ello creó unas cartillas como la que aparece más abajo. Allí anotaba los días y las virtudes que deseaba perfeccionar. Semanalmente, se centraba en desarrollar una de ellas, y señalaba cada día si había practicado con suficiente tesón dicha virtud.

Transcurridas trece semanas, es decir, más o menos cada trimestre, había acabado esta serie y empezaba de nuevo.

| | Domingo | Lunes | Martes | Miércoles | Jueves | Viernes | Sábado |
|---|---|---|---|---|---|---|---|
| Templanza | X | X | | X | | X | |
| Silencio | X | X | X | | X | X | |
| Orden | X | X | X | | | | |
| Determinación | | | | | | | |
| Frugalidad | | | | | | | |
| Diligencia | | | | | | | |
| Sinceridad | | | | | | | |
| Justicia | | | | | | | |
| Moderación | | | | | | | |
| Limpieza | | | | | | | |
| Tranquilidad | | | | | | | |
| Castidad | | | | | | | |
| Humildad | | | | | | | |

Para evaluar si había cumplido con el objetivo del día, al finalizar la jornada comprobaba si había desarrollado de algún modo aquella virtud.

Al final de su vida, declaró que esta rutina de automejora le había ayudado a crecer más que ninguna otra cosa.

## APRENDE DE TU ÍDOLO

Si hay una persona a la que admiras especialmente, y sin necesidad de llevar una cartilla como Franklin, puedes realizar este ejercicio:

1. Determina cuál es la virtud que ha llevado a esta persona a alcanzar lo que provoca tu admiración.
2. Del 0 al 100, decide qué porcentaje de esa cualidad hay en ti.
3. Busca una pequeña acción que puedas realizar cada día (al menos, durante una semana) para «subir nota».
4. Empieza mañana mismo a hacerlo.
5. Indaga en las redes para encontrar información sobre los hábitos diarios y pregúntate: ¿Qué hace esta persona que no hago yo?
6. Una vez tengas la respuesta, aplícalo a tu rutina diaria.

# 27

## Rituales matutinos

Si algo tienen en común las personas que llegan lejos en la vida es su capacidad para organizar su día, empezando por la mañana, que dicta el ritmo de todo lo que vendrá a continuación.

Piensa en cómo acaba siendo un día cuando por la mañana te has dormido, vas con retraso y, en definitiva, has iniciado la jornada con el cortisol por las nubes. En general, si las mañanas empiezan mal, el resto del día también irá mal.

Nada más despertarnos tenemos el poder de decidir si ese va a ser un buen día o si, por el contrario, será mediocre, y eso es algo que Kamala Harris sabe muy bien. Entre sus hábitos matutinos, está el levantarse a las seis de la mañana y hacer media hora de ejercicio, por lo general bicicleta estática —utiliza un modelo de la marca SoulCycle— y pesas, pero también a veces nada un rato.

Kamala ha afirmado en distintas ocasiones que hay fundamentalmente dos cosas que le permiten mantener un equilibrio físico y emocional: hacer ejercicio y comer sano. Después de su ronda de ejercicio, desayuna con calma cereales con pasas en leche de almendras.

Como todos los *hacedores*, aquellos que no se limitan a hablar de lo que piensan hacer, sino que hacen que las cosas sucedan, Kamala aplica el principio de *no dejes para mañana lo que puedas hacer hoy*. O, mejor dicho, en este caso, no dejes para la noche lo que puedes hacer por la mañana, y es que ya sabemos lo que acaba ocurriendo con la procrastinación.

Una buena rutina matutina debería consistir en tres cosas: *ejercicio físico, meditación y un buen desayuno*. Pero, para poder realizar correctamente estas actividades y regalarte así un rato para ti, debes levantarte pronto para evitar luego ir con prisas.

Si ahora mismo no lo estás haciendo, prueba a poner el despertador una hora antes, lo cual requerirá que te acuestes más pronto.

Con una hora de margen, dispones de tiempo suficiente para hacer treinta minutos de ejercicio en casa, diez minutos de meditación y otros veinte para desayunar con tranquilidad. Por supuesto, puedes alterar este programa como a ti te parezca.

Hay libros muy conocidos que hablan del milagro de levantarse pronto por la mañana: *El club de las 5 de la mañana*, de Robin Sharma, o *Mañanas milagrosas*, de Hal Elrod, son dos buenos ejemplos. Ambos coinciden en que, al levantarte pronto y dedicar este tiempo extra a tu bienestar y crecimiento, te estás regalando vida, además de proyectar el ritmo que tendrá el resto de tu día.

Si quieres dejar de ir tan estresado y sintiendo que no llegas a todo, instaura una rutina matutina que favorezca tu salud, tanto física como mental. Si bien al principio te costará acostumbrarte a este nuevo horario, cuando este se haya convertido en un hábito, estarás deseando que llegue esa horita reservada exclusivamente para ti, y te preguntarás cómo podías vivir antes de empezar el día de esta forma.

## PREPARA TU RUTINA MATUTINA

Elabora un diagrama en el que repartas esos sesenta minutos de tu nueva rutina matutina entre: ejercicio, meditación y desayuno.

Está prohibido mirar el móvil antes de que hayas acabado tu rutina, no debe haber ningún tipo de estímulo externo durante esa hora.

Anota en una libreta los cambios que has experimentado desde que empezaste tu nueva rutina matutina.

# 28

## Planificando el día, y la vida

Cada día es una pequeña vida. Al final, nuestra existencia es la suma de cada día que hemos vivido, así que debería estar en el *top* de nuestras prioridades hacer que cada jornada sea un buen día.

Si estás esperando a que llegue el fin de semana o las vacaciones de verano para disfrutar de tus días, tengo malas noticias para ti: no estás disfrutando de la vida. Obviamente, las vacaciones son momentos excepcionales que a todos nos gustan, pero no debemos olvidarnos de saborear el presente de la mejor forma posible.

Si vives el presente resignado y pendiente de un futuro mejor, estás desperdiciando la mayor parte de tu existencia. Si te paras a contar la ratio de fines de semana a días laborables, o qué decir de la de vacaciones al resto del año, te dará un síncope.

Conclusión: debemos hacer en cada jornada algo por lo que merezca la pena vivir. Lo que haces cada día es lo que tu vida va a devenir, así que empieza por cambiar YA aquello que no te hace bien.

Además de empezar con una rutina matutina que te proporcione tanto energía física como paz y claridad mental, es hora de definir qué camino va a tomar tu día (y tu vida, por supuesto).

Una de las mejores formas de saber qué quieres en tu vida es *identificar primero lo que NO quieres*. ¿Qué te disgusta de tu día a día? ¿Qué es lo que te provoca malestar y pocas ganas de levantarte por las mañanas? ¿Es tu trabajo? ¿Tu círculo de amistades tóxicas? ¿Tu relación de pareja?

Una vez que has identificado lo que va mal en tu vida, debes centrarte en alejarlo de ti o bien hacer lo posible para mejorarlo.

Si tu trabajo te hace infeliz y, además, no es algo que te apasiona, plantéate cambiar de área de experiencia, reinventarte o incluso convertirte en emprendedor.

Si tu círculo de amistades te corta las alas en lugar de apoyarte en tus ambiciones, muy posiblemente es hora de buscar un nuevo grupo de apoyo.

Si tu relación de pareja ha degenerado tanto que tienes la sensación de convivir con un compañero de piso, no te conformes con ello. Plantéate si esa es la persona con la que de verdad quieres estar y, en caso afirmativo, busca la ayuda de profesionales para devolver la chispa a vuestra relación. Y si es el fin de vuestra historia, acéptalo.

Como dijo Buda: «En esta vida nada es permanente, solo el cambio».

Lo crucial es no conformarse con una vida de segunda, ni con una vida en la que esperas algo que representa solo un 5 por ciento del año. Atrévete a decir no y a no conformarte con menos de lo que la vida tiene reservado para ti. Estás aquí para desarrollar tus dones y aportar luz, no para vivir una existencia en pequeño y sin rumbo.

## UN POCO DE LIMPIEZA Y MEJORA

- Haz una lista de todo lo que no te gusta de un día normal de tu vida.
- Decide de qué vas a prescindir, y qué vas a intentar mejorar.
- Entiende que todo fluye y que, a veces, es mejor saber cortar con las cosas cuando estas no funcionan.

# 29

## Lee como Kamala

La mayoría de los líderes son grandes lectores, ya que en los libros encuentran inspiración y nuevas formas de enfocar la vida que amplían su ancho de banda mental. Kamala Harris no es una excepción, y en un reportaje revelaba varias de sus novelas favoritas.

Voy a compartirlas contigo con una pincelada sobre cada argumento para que puedas leer como Kamala:

1. *Cometas en el cielo*, Khaled Hosseini (2003). Amir, un niño de Kabul, se ha propuesto ganar un concurso de vuelo de cometas, aunque ello implique perder la amistad de Hassan, su mejor amigo. Escrita en parte durante los atentados del 11S, la novela se sitúa en el invierno de 1975 en la capital afgana
2. *El club de la buena estrella*, Amy Tan (1989). Cuatro familias inmigrantes de San Francisco inician un club para jugar al *mahjong*, un juego chino, mientras preparan suntuosos banquetes. Paralelamente a la estructura del juego, tres madres y cuatro hijas van contando historias de su vida.
3. *La canción de Salomón*, Tony Morrison (1977). En la década de 1960, un adinerado hombre de negocios intenta ocultar sus orígenes para ser aceptado en la

sociedad blanca, mientras los suyos malviven en el gueto de los negros. Su hijo, sin embargo, elegirá el retorno a sus raíces, lo que le lleva a entrar en un círculo que lucha por la justicia social, emprendiendo un viaje que lo conducirá a la cuna de su identidad.

4. *El león, la bruja y el armario*, C. S Lewis (1950). Primer libro escrito por el autor de *Las Crónicas de Narnia*, aunque en esta mítica serie supone la segunda entrega. Durante la Segunda Guerra Mundial, cuatro niños son llevados a una casa rural para huir de los bombardeos. Allí Lucy, la más joven, entrará en un armario que la llevará a una tierra nevada: Narnia.

---

**TUS GUARDIANES DEL HOGAR**

Al igual que Kamala recomienda sus libros de cabecera, te propongo que tengas tus libros favoritos juntos en un lugar significativo de tu casa. Puede ser al lado de la cama, para verlos antes de acostarte, o en un lugar especial del salón.

De vez en cuando, relee alguna de sus páginas. Vuelve a ellos siempre que necesites inspiración y regala estos mismos títulos a las personas que los necesiten.

---

# 30

## Ante un conflicto de opinión

Puedes llamarlo karma, efecto boomerang o como te apetezca, pero lo cierto es que lo que das vuelve, y lo que siembras acabas cosechándolo. Si quieres sentirte más querido, reparte amor entre los demás; si lo que deseas es sentirte más aceptado, sé más flexible con los otros.

La diferencia entre una persona de éxito que cala hondo y otra que solo es admirada por sus logros profesionales es la forma en la que se relacionan con los demás. Las primeras son personas asertivas, que comunican sus ideas y su punto de vista desde el respeto hacia los demás, midiendo las palabras para no herir a nadie. Los otros expresan su opinión sin que les importe a quién pueden hacer daño y qué consecuencias tendrán sus palabras. Sueltan todo lo que llevan dentro y, si después es necesario, piden perdón. Peor aún, también están aquellos que no dicen nada de forma directa, pero sí lo hacen de manera pasivo-agresiva, es decir, con indirectas que hieren a quien las recibe.

En este mundo hay tres tipos de personas que reaccionan distinto ante un conflicto de opinión: las asertivas, las pasivas y las agresivas. Lo ideal es hablar con asertividad, seguro de uno mismo, pero siempre desde el respeto. Los pasivos son incapaces de pronunciarse y van comiéndose sus opiniones, lo que les produce un horrible malestar que puede estallar en el momento más inesperado. Los agresivos recurren a la violencia, física o psíquica, para salirse con la suya y hacer que su voz sea la que más se oiga.

Políticas como Kamala Harris o AOC (Alexandria Ocasio-Cortez) son abanderadas en cuanto a expresar su propia opinión desde la asertividad, cuya práctica veremos en el siguiente capítulo.

---

### EJERCICIO PRÁCTICO

Reflexiona sobre las últimas tres ocasiones importantes en las que has expresado, o hubieras querido expresar algo que te molestaba o deseabas cambiar. ¿Lo dijiste o te lo callaste? ¿Por qué? ¿Hubo algo que te impidió comunicar tu punto de vista de forma asertiva? ¿Cómo lo harías si hubiera una próxima vez?

# 31

## Las cinco claves de la asertividad

El psicólogo Andrew Salter definió en la década de 1970 la asertividad como «la expresión de los derechos y sentimientos personales», es decir, poder manifestar lo que sientes y piensas, y además ser capaz de hacerlo sin herir los sentimientos de los demás.

Hay personas de naturaleza más asertiva que otras, pero todas son capaces de entrenar su conducta y sus pautas de comunicación para adquirir esta importante virtud que es propia de las personas maduras.

Los terapeutas coinciden en que hay una relación directa entre autoestima y asertividad. Las personas que se quieren tienen una mayor facilidad para decir lo que piensan que aquellas que están acomplejadas, siempre pendientes de la aprobación de los demás.

Si tú quieres expresar tu opinión, pero no sabes cómo hacerlo de forma asertiva, aquí van cinco claves sobre cómo conseguirlo:

1. *Mantén la calma en cualquier situación*. Es normal que haya gente que no esté de acuerdo contigo, pero esto no tiene por qué impedirte expresar tu opinión desde el respeto.
2. *Respeta a los demás*. Una comunicación honesta

opera en una doble dirección: la del quien habla y la de quien escucha. Si quieres que te respeten cuando hablas, tú debes hacer lo mismo.

3. *Deja atrás las culpas.* Sacar a relucir hechos pasados y culpar a tu interlocutor de ellos solo conseguirá que la comunicación degenere.

4. *Intenta ver a la otra persona como a un amigo.* Procura encontrar puntos de consenso sobre los que poder construir una conversación.

5. *Sé paciente.* No todo el mundo tiene la inteligencia emocional necesaria para gestionar opiniones contrarias a la propia. Si la otra parte se siente atacada por lo que estás exponiendo, relájate y deja que la tensión vaya disipándose; no es imprescindible llegar a un acuerdo de forma inmediata.

---

**UN CONSEJO DE DOSTOIEVSKI**

Un siglo antes de que se popularizara el concepto de asertividad, el escritor ruso Fiódor Dostoievski ya advertía:

«Si quieres ser respetado por los demás, lo mejor es respetarte a ti mismo. Solo por eso, solo por el propio respeto que te tengas, inspirarás a los otros a respetarte».

Te invito a que te plantees si en tu vida cotidiana te estás respetando a ti mismo, lo cual incluye la atención a tus prioridades, tus relaciones con los demás y contigo mismo. Si no lo estás haciendo, introduce los cambios necesarios para enderezar tu vida.

## 32

## Encajar las críticas

Es imposible gustar a todo el mundo. Cuanto antes aceptes esta verdad, antes te librarás de la difícil tarea de convertirte en alguien que cae bien a todos.

Vivir para ganar el reconocimiento de los demás implica cavarte tu propia tumba. Para poder gustar a todos, deberíamos dejar de ser nosotros mismos para convertirnos en el perrito faldero de quien tuviéramos delante en aquel momento, como Zelig en la película homónima de Woody Allen.

No siempre es posible encajar en cualquier entorno y que todo el mundo te tenga en gran estima. Si has estado intentando que así fuera, debe de haber sido duro para ti, porque en el proceso te habrás puesto tantas capas que hasta tú mismo tendrás dudas de quién eres en realidad.

Y, paradójicamente, cuando aprendemos a relativizar la opinión que los demás tienen de nosotros es cuando estamos más preparados para encajar las críticas.

Desde esta autenticidad pueden llegar cosas maravillosas, ya que empezaremos a atraer a la gente que en verdad vibra con nuestra forma de ser. No le gustarás a todo el mundo, pero le *gustarás a quien resuene con tu energía*, y eso es lo que importa. No tendrás que ponerte más máscaras porque podrás ser tú mismo con aquellos que te rodean, y no hay mejor sensación que esa.

Siempre habrá *haters*, esas personas dispuestas a criticarte hagas lo que hagas, así que no les prestes demasiada atención. Sobre esto, voy a relatarte un cuento muy ilustrativo: Viajaban con su burro una familia de tres: la madre, el padre y el hijo. Al llegar a la primera aldea en su recorrido, iba el hijo montado en el burro, y la gente del pueblo empezó a criticar:

—Pues con lo grandecito que es, ya podría dejar montar a sus pobres padres.

La familia, molesta por aquella reacción, decidió que a la mañana siguiente fuera la madre quien fuese subida al burro. Así, llegaron a la próxima aldea, y oyeron:

—Con el padre tan anciano y el niño tan pequeño, y ella encima del burro tan tranquila, ¡lo que hay que ver!

Avergonzados, decidieron que al día siguiente serían el padre y el hijo quienes irían sobre burro. Al llegar a la tercera aldea, empezaron a oír nuevas críticas:

—Pobre mujer, caminando todo el trayecto, qué poco caballerosos son en esta familia...

Sin saber ya muy bien qué hacer, al final decidieron que el burro caminaría a su lado y que ninguno se subiría a él. Así pues, entraron en la cuarta aldea, donde la mofa fue aún mayor:

—¡Vaya familia de idiotas! Viajan con un burro y lo llevan como si fuera un perro, ¿a quién se le ocurre no aprovecharlo para descansar las piernas subido a su lomo?

## COMO QUIEN ESCUCHA LAS NOTICIAS

Todo cuanto hagas es susceptible de ser criticado por alguien, pero no por eso debes dejar de actuar. Si las críticas consiguen bloquearte o hacer que abandones tu verdadera esencia, habrán conseguido su objetivo.

Entrénate para escuchar las críticas como quien mira las noticias, como algo que sucede lejos de ti y que no te afecta directamente. De este modo, podrás extraer la información, por si te es de utilidad, pero no te afectará.

## 33

# El silencio es complicidad

En un artículo de opinión en la revista *Cosmopolitan*, sobre las recientes protestas del movimiento BLM (Black Lives Matter), Kamala Harris dijo en relación al racismo en Estados Unidos:

> Digamos la verdad: la gente está protestando porque los negros han sido tratados como menos que humanos en Estados Unidos. Porque nuestro país nunca ha abordado del todo el racismo sistémico que lo ha plagado desde sus primeros días. Es un deber de todo estadounidense solucionarlo. Algunos ya no pueden esperar más, aguardando cambios incrementales. En momentos como este, el silencio es complicidad.

Uno de los activos de Kamala Harris en la campaña que la llevó a la Casa Blanca fue señalar las injusticias, no callar ante las cosas que no se hacen bien. Esa es otra característica del líder nato: *huye de la complacencia*, agarrando el toro por los cuernos, mientras muchos miran hacia otro lado.

Sobre esto, hay un texto muy lúcido, a menudo atribuido erróneamente a Bertolt Brecht porque su estilo se asemeja al del escritor alemán. Su verdadero autor es el pastor alemán Martin Niemöller, quien lo pronunció por primera vez en el sermón de Semana Santa de 1946 en Kaiserslautern.

Y se refiere así a la inhibición del pueblo germano ante la crueldad de los nazis:

> Cuando los nazis vinieron a buscar a los comunistas,
> guardé silencio,
> porque yo no era comunista.
> Cuando encarcelaron a los socialdemócratas,
> guardé silencio,
> porque yo no era socialdemócrata.
> Cuando vinieron a buscar a los sindicalistas,
> no protesté,
> porque yo no era sindicalista.
> Cuando vinieron a buscar a los judíos,
> no pronuncié palabra,
> porque yo no era judío.
> Cuando finalmente vinieron a buscarme a mí,
> no había nadie más que pudiera protestar.

---

### REBELDE CON CAUSA

Si examinas tu existencia y no encuentras una causa justa por la que estés luchando, es que algo falta en tu vida. Una persona crítica está llamada a actuar allí donde ve que las cosas se están haciendo mal, especialmente si perjudica a su entorno.

No puedes solucionar los problemas a escala global, pero sí estás capacitado para aportar tu granito de arena, desde el lugar en el que estás, para crear un mundo mejor.

Conviértete en un rebelde con causa.

---

# 34

## Los seis hábitos de alto rendimiento

Según Brendon Burchard, experto en alto rendimiento, existen seis hábitos que todas las personas de éxito tienen en común, y sin los cuales es difícil llegar a la cima en cualquier área. Estos seis hábitos son:

- Buscar *claridad*
- Proteger tu *energía*
- Generar *necesidad*
- Incrementar tu *productividad*
- Desarrollar *influencia*
- Demostrar *coraje*

Si te paras a pensar en la vida de quienes han dejado un legado a sus espaldas, como está haciendo Kamala Harris, te darás cuenta de que, efectivamente, su forma de ser destila todas estas cualidades.

Detengámonos un poco en cada una de ellas.

La *claridad* es el opuesto a la dispersión. Es estar seguro de quién eres y hacia dónde vas, es tener enfoque y no irse por las ramas, ser auténtico y no dejarse influenciar por la opinión de los demás.

La *energía* debe cuidarse tanto a nivel físico como mental y espiritual. Un cuerpo que no come como es debido o no duerme las suficientes horas no podrá rendir al máximo. De la misma forma, la mente necesita sus momentos de descanso, para poder hacer uso de todas sus facultades mentales; no puede estar trabajando constantemente. Y la energía proviene también de nuestras emociones, de si cultivamos pensamientos amorosos o, por el contrario, albergamos en nuestro interior sentimientos de miedo o rencor, que debilitan nuestra energía.

En tercer lugar, para poder lograr un objetivo debemos crear una *necesidad* para conseguirlo. Alguien que ya lo tiene todo carece de motivación para embarcarse en un nuevo proyecto. Nuestra meta debe aportarnos algo que no tengamos en este momento; debemos sentir la necesidad de obtenerla.

La *productividad* es la capacidad de trabajar de la forma más eficiente. Sin ella, y teniendo en cuenta el mundo tan competitivo en el que vivimos, otros conseguirán adelantarnos y se quedarán con la recompensa que estábamos buscando.

La *influencia* es el arte de guiar a los demás hacia donde a ti te interesa. Los mejores comerciales son expertos en este hábito, y por eso son excelentes cerrando ventas. Para ello, hay que aparecer ante los demás como un líder, alguien en quien confiar y cuya opinión es importante, alguien cuyo ejemplo debemos seguir.

Finalmente, el *coraje* es necesario para enfrentarnos a los problemas que sin duda surgirán a lo largo del camino, para perseverar cuando los demás tiran la toalla y persistir en nuestro objetivo, por duro que a veces este parezca.

## POTENCIA TUS HÁBITOS DE ALTO RENDIMIENTO

Evalúate en una escala del 0 al 10 en cada uno de los seis hábitos de alto rendimiento. Céntrate en los tres en los que has puntuado mejor y responde a las siguientes preguntas:

- ¿Qué podría cambiar la próxima semana para mejorar aún más en este hábito?
- ¿Qué me impide avanzar en esta área?
- ¿Qué personas de mi entorno son especialmente buenas en estos aspectos?
- ¿Qué puedo aprender de ellas?

# 35

## Todos somos extranjeros
## (en casi todas partes)

Kamala Harris es hija de dos inmigrantes, y en su primer discurso en el Senado puso en valor la importancia de la inmigración en el crecimiento de Estados Unidos:

> Por imperfectos que seamos, creo que somos un gran país. Y parte de lo que nos hace grandes son nuestras instituciones democráticas que protegen nuestros ideales fundamentales: la libertad de religión y el Estado de derecho, la protección contra la discriminación basada en el origen nacional, la libertad de prensa y una historia de doscientos años como una nación construida por inmigrantes.

Contra el discurso de la extrema derecha que afirma que los extranjeros nos roban el trabajo y se llevan nuestros recursos, la historia moderna de Estados Unidos demuestra todo lo contrario. Algunas de las personalidades que más riqueza y valor han aportado eran inmigrantes.

Veamos algunos de ellos:

1. LEVI STRAUSS. Se trasladó de Alemania a Estados Unidos para fundar en 1873 la primera compañía que fabricó tejanos.

2. ALBERT EINSTEIN. Emigrado desde Alemania y profesor en Princeton, sin su trabajo el Proyecto Manhattan no habría desarrollado la bomba atómica que puso fin a la Segunda Guerra Mundial.

3. MADELEINE ALBRIGHT. Nacida en Praga, en la antigua Checoslovaquia comunista, fue la primera mujer que se convertiría en secretaria de Estado de Estados Unidos. Antes había sido embajadora en la ONU.

4. ARNOLD SCHWARZENEGGER. Este culturista austríaco, además de haber tenido una exitosa carrera en el cine, acabaría siendo gobernador de California pese a su origen extranjero.

5. ARIANA HUFFINGTON. Nacida en Grecia, fundó el popular portal de noticias *The Huffington Post*.

6. SERGEY BRIN. Procedente de Rusia, fundó Google junto con su amigo Larry Page, una empresa con un valor actual cercano a los treinta mil millones de dólares.

7. STEVE CHEN y JAWED KARIM. El primero era de Taiwán y el segundo llegó de la entonces Alemania del Este. Juntos crearon nada menos que YouTube. Una curiosidad: el primer vídeo de la historia de YouTube duraba diecinueve segundos y lo subió Karim; se llamaba: «Yo en el zoológico».

8. JAN KOUM. Originario de Ucrania, empezó trabajando en el servicio de limpieza de un supermercado y acabaría cofundando WhatsApp junto a Brian Acton.

¿Quién se atreve aún a decir que los extranjeros no generan riqueza? Si no fuera por estos inmigrantes, Estados

Unidos y el mundo entero se habrían perdido grandes cosas.

---

**TODOS SOMOS EXTRANJEROS
EN CASI TODAS PARTES**

Esa es una verdad indudable, y una de las ventajas creativas de los inmigrantes es que experimentan su país de acogida como un nuevo mundo que ven con ojos distintos a los locales.

Un buen ejercicio para despertar tus sentidos y tus ideas es este:

- Pasea por la ciudad como si fueras un turista llegado de un país muy lejano.
- Imagina que ves todo por primera vez. ¿Qué te llama la atención? ¿Qué encuentras a faltar?
- ¿Qué podrías aportar que no exista en este lugar?

Si aplicas la mirada de un forastero sobre cualquier cosa, podrás ver aquello que los «aborígenes» no perciben.

---

# 36

# La importancia de mantener el rumbo

¿Sabías que un simple cambio de 3,5 grados en un vuelo que saliera de Los Ángeles con destino a Nueva York haría que este aterrizase en Washington D. C. en lugar de Nueva York?

El mensaje es evidente: o tienes muy claro hacia dónde vas, o acabarás rumbo a un lugar desconocido. No me malinterpretes: no se trata de adoptar una postura rígida o testaruda, sino de ser perseverante y tener claras tus metas.

Si pecas de querer hacer mucho pero acabas no haciendo demasiado, este capítulo es para ti. Hay quien inicia un proyecto, y a los dos días descubre otro más interesante y se lanza a por él, dejando el primero a medio empezar.

Lo nuevo siempre llama la atención por ser justamente eso: un lienzo en blanco donde pueden suceder mil cosas que, en la mente de los soñadores, son siempre espectaculares. El problema es que *los soñadores no suelen ser muy buenos hacedores* (lo ideal es tener un poco de ambos), y, en cuanto empiezan a hacer, se desaniman y todo lo demás les parece mejor. Les es fácil cambiar de rumbo y no poseen la claridad que se necesita para permanecer en un mismo camino el tiempo suficiente para conseguir el éxito.

Si ese es tu problema, mientras sigas dejándote deslumbrar por nuevos proyectos, nunca acabarás nada.

Para tener claridad mental y focalización, lo primero que debes hacer es eliminar todo aquello que sobra. Ya sean inputs de otros proyectos interesantes, personas que no creen en ti o tus propias creencias limitantes.

---

**PUNTOS CLAVE**

- No dejes que te deslumbren otras propuestas distintas a la que estás persiguiendo. Como dice el célebre dicho: «Quién mucho abarca, poco aprieta».
- No seas esa persona influenciable que se aleja de su propio camino para contentar a otros o para seguir el camino correcto, según la opinión de los demás. Sigue tu propia hoja de ruta.
- Si aún no sabes cuál es tu camino, desarrolla tus dones. Ellos te indicarán la ruta hacia tu futuro.

---

# 37

## Madera de líder

Cuando empiezas a tener éxito en cualquier proyecto, con cada logro aumenta tu necesidad de liderar lo que has creado. Y eso implica trabajar con equipos y ser permeable a otras visiones, de modo que el todo multiplique el valor de las partes.

Kamala Harris explica así su forma de liderar:

> Realmente me gusta trabajar con mi equipo. Suelo reunir a mis directivos y directivas, que son muy inteligentes, atentos y de confianza, y voy por la sala preguntando a cada persona su opinión. Ser líder significa que tendrás que tomar decisiones difíciles. Debes tener el coraje de hacer lo correcto, incluso cuando no sea popular.

Compartir las visiones del equipo y tomar decisiones, aunque sean impopulares, serían dos puntales del liderazgo de Kamala, que también señala la importancia de la autoexigencia con sentido del humor para no ahogarnos en la seriedad.

Como ella bien dice:

> Puedo ser muy dura (sobre todo conmigo misma), pero creo que tenemos que hacerlo lo mejor que poda-

mos, porque hay mucha gente que confía en nosotros. También es muy importante para mí que los miembros de mi equipo tengan sentido del humor y que encontremos tiempo para reír.

Al final, se trata de buscar un equilibrio entre los objetivos y el bienestar humano, ya que ambas variables están íntimamente relacionadas. Cuando una persona trabaja feliz y motivada, cuando siente que se le reconoce su esfuerzo y su talento, eso se refleja enseguida en su rendimiento.

Para ello, el líder debe saber cuidar la parte humana de sus colaboradores, a la vez que cataliza el talento y clarifica la estrategia común para lograr los objetivos.

---

**CONSEJOS DE BRIAN TRACY PARA EL LIDERAZGO**

Este orador y motivador especializado en la psicología del logro nos da algunas claves fundamentales para desarrollar nuestra capacidad de liderazgo:

1. *No hay liderazgo sin claridad.* ¿Eres capaz de definir bien tus metas?
2. *No hay liderazgo sin integridad.* Si no mantienes tu palabra, perderás apoyos y desmotivarás a los tuyos a la velocidad del trueno.
3. *No hay liderazgo sin anticipación.* El líder debe avanzarse al futuro y ser consciente de las consecuencias de sus actos.
4. *No hay liderazgo sin dar ejemplo.* Los demás te respetan por lo que haces y eres, no por tus palabras.
5. *No hay liderazgo sin las tres «C».* Consideración, cuidado y cortesía.

---

# 38

## Energía para el éxito

Una persona que consigue llegar tan alto como Kamala es alguien que tiene una energía física y mental muy potente; alguien con las ideas claras y con un dinamismo que le permite conseguirlo.

Cada día a primera hora de la mañana, Kamala dedica media hora al ejercicio físico. Empezar el día activando el cuerpo es algo que muchas de las personas de éxito tienen en común. Al hacer ejercicio tipo cardio, el cuerpo genera endorfinas y serotonina, las dos hormonas de la felicidad, a la vez que nos deja con esa sensación de ser imparables y de ser capaces de comernos el día, y el mundo.

Aun así, la energía no se consigue tan solo con este subidón de hormonas postentreno. Para un correcto funcionamiento tanto del cuerpo como del cerebro, la alimentación es fundamental. Comer alimentos que nutran el cuerpo y lo llenen de vitaminas y nutrientes debería ser nuestra prioridad a la hora de escoger qué nos llevamos a la boca.

Para Kamala, una buena alimentación proporciona la base para todo lo demás. Comiendo cualquier cosa es difícil que el cuerpo y la mente aguanten el ritmo necesario para llegar a lo más alto. Recuerda: tu cuerpo está de tu parte, pero necesita de tu ayuda. Opta por productos de proximidad, bajos en azúcares y con mucho verde.

Si sientes que tus niveles de energía siguen siendo bajos, no dudes en visitar a un nutricionista para que te asesore y te confeccione menús apropiados para tu constitución.

Hemos hablado de la energía que genera un cuerpo sano, y que repercute, asimismo, en la agilidad de la mente. Pero hay un tercer aspecto que también debemos tomar en consideración, pues es igual de importante y, sin esto, la otra energía de poco nos servirá. Me refiero a la energía emocional o espiritual, la que proviene de estar en paz y tranquilos interiormente.

Puedes comer tan sano como quieras y entrenar cada día varias horas, pero, si por dentro te invaden sentimientos de rabia, rencor y agresividad, pronto te darás cuenta de que la energía que tienes es tóxica y empieza a destruir tu interior. Cada vez más, la ciencia da la razón a los maestros espirituales que vienen diciendo desde hace años que la gran mayoría de enfermedades son psicosomáticas. Esto significa que muchas dolencias que experimentamos en el cuerpo tienen un origen emocional, debido a la rabia reprimida o a cualquier otra emoción negativa que nos perjudica hasta el punto de hacernos enfermar.

Por eso es tan importante saber pasar página, no guardar rencor, perdonar y perdonarte, caminar por el mundo sin mochilas innecesarias.

Solo cuando cuerpo, mente y alma estén en paz, fluirá la energía necesaria para lograr todo lo que estás llamado a conseguir.

## PUNTOS CLAVE

- Es importante practicar ejercicio cada día, preferiblemente por la mañana.
- El cuerpo no funciona bien si no le das alimentos de calidad. Lo que comes es tanto o más importante que el ejercicio físico.
- La energía proviene del cuerpo, de la mente y del alma. Las tres dimensiones necesitan estar bien para poder alcanzar niveles de máxima eficiencia.

# 39

## Alimento para el cuerpo y la mente

Desde hace miles de años, se habla de la importancia que tienen los alimentos que ingerimos en nuestra productividad y bienestar, tanto a nivel físico como emocional.

Con las mismas raíces indias de Kamala, el ayurveda o «ciencia de la vida» se originó en la India hace más de cinco mil años. En esta visión holística de la salud, el cuerpo, la mente y la conciencia son responsables a partes iguales de mantener un equilibrio saludable en el cuerpo.

Una parte importante para conseguir que todo esté en armonía es el alimento que recibe el cuerpo en forma de comida. Kamala siempre dice que el ejercicio físico y la comida sana le permiten estar centrada. Los alimentos afectan a nuestras hormonas y pueden producirnos estados emocionales indeseables. El azúcar, por ejemplo, provoca un chute de energía agradable semejante a una droga, que pronto se disipa y nos deja con sensación de carencia, adicción e irritabilidad.

Sin duda, *no hay mejor cura que la prevención*, y esa es la máxima del ayurveda y debería ser también la tuya si quieres rendir al máximo.

En Occidente estamos acostumbrados a forzar el cuerpo al máximo, cargándolo de estrés, privándolo de agua, dejando que se marchite sin ejercicio físico, y dándole alimentos de poca calidad y sin apenas nutrientes.

Un dato importante a tener en cuenta: el entorno en el que nos movemos tiene un gran impacto en las decisiones que tomamos respecto a comer o no de forma sana, por ejemplo. *El cerebro tiende a regirse por la ley del mínimo esfuerzo* y, si frecuentas un espacio donde siempre hay galletas a tu disposición, acabarás comiendo más galletas que si lo que tuvieras delante fueran manzanas.

En el Hospital General de Massachusetts de Boston, Anne Thorndike se propuso proporcionar un estilo de vida más saludable a los visitantes y trabajadores del hospital, sin ni siquiera hablar con ellos. Lo único que hizo falta para que aumentara el consumo de agua en la cafetería del hospital y disminuyera la de refrescos fue rediseñar la oferta de bebidas de forma que el agua embotellada estuviera disponible en todos los puntos de servicio, dejando los refrescos solo en las neveras principales.

Este caso demuestra que, en muchas ocasiones, no tomamos decisiones porque nos apetezcan más, sino porque son las más fáciles.

Para llevar un estilo de vida más saludable y nutrir mejor tanto el cuerpo como el alma, debes empezar por pensar en qué ambientes te mueves a la hora de decidir qué vas a comer. Si está en tus manos cambiar algo para que la opción más saludable sea la primera que veas, o la más obvia, hazlo.

Recuerda que están en juego tu salud, tu energía y estado de ánimo.

## PUNTOS CLAVE

- La comida alimenta nuestro cuerpo, pero también nuestra dimensión emocional. Lo que ingerimos acaba influyendo, para bien o para mal, en nuestro estado de ánimo.
- Detectar el estrés y no dejar que se apodere de nuestra vida es un seguro de salud.
- El contexto en el que te encuentras determina en gran parte las decisiones que tomarás. Crea o visita espacios con opciones saludables más obvias para escoger una alimentación más sana.

# 40

## Un alma en paz

Para estar bien por dentro y por fuera, no basta con cuidar solo el cuerpo, como ya hemos visto. Tan importante como nuestro plano físico son nuestras dos otras dimensiones, la mental y la emocional, consciencia o alma. Vamos ahora a ocuparnos de esta tercera.

Al cuidar del alma con ejercicios como la meditación, el cuerpo y la mente experimentan un desbloqueo de la energía, una mayor fluidez y bienestar.

El alma sigue siendo tabú para muchos que, centrándose solo en la mente y el cuerpo, ignoran esta gran parte de nosotros que debe estar en armonía para que todo funcione correctamente. El alma es lo que somos en esencia, sin las máscaras del ego, sin los prejuicios de la experiencia. El alma es nuestro yo verdadero y, como tal, se apaga cuando lo dejamos de lado y lo ignoramos.

La meditación es la técnica más conocida para proporcionar paz y calma a nuestra mente y nuestra alma. Varios estudios han demostrado que, con tan solo cinco minutos de meditación al día, el cerebro cambia sus circuitos neuronales.

Ya lo decía el Bhagavad Gita hace más de dos milenios:

Dominando continuamente su mente,
el hombre espiritual aumenta su paz,
obtiene el gozo supremo,
y regresa al Absoluto.

---

## MEDITACIÓN PARA EL ALMA

1. Siéntate con las piernas flexionadas a noventa grados y con la espalda erguida, sin tocar el respaldo de la silla, lo suficientemente distendido para no tener los hombros en tensión.
2. Coloca las palmas de tus manos boca abajo sobre tu regazo. Cierra los ojos y haz tres respiraciones profundas.
3. A continuación, visualízate, en el mismo sitio en el que estás ahora, pero como si te estuvieras viendo desde arriba. Ya no eres el que está sentado, ahora miras con perspectiva.
4. Empieza a ver la luz que rodea a tu yo sentado, una luz blanca y dorada, cada vez más potente. Es la luz de tu alma, que te protege y te recuerda lo especial que eres.
5. Vuelve a tu yo sentado y continúa viendo la luz a tu alrededor.
5. Ahora, repite en voz alta: «Yo soy un ser divino. Yo estoy en paz. Yo soy suficiente». Repítelo veinte veces. Si sientes la necesidad de añadir otra afirmación positiva, hazlo.
6. Nota la luz recorriendo tu cuerpo, y la sensación de bienestar al pronunciar estas palabras.
7. Acaba la meditación sintiendo que eres un ser lleno de luz, y deja que esta sensación te acompañe el resto del día.

# 41

## En busca de la igualdad

La lucha por la igualdad de derechos civiles está anclada en el ADN de Kamala. Sus padres la llevaban a manifestaciones siendo aún un bebé, y siguieron explicándole los principios de la democracia igualitaria a lo largo de su infancia. Igualdad en términos de raza, de género o de cualquier otra característica.

Todos tenemos los mismos derechos, independientemente de nuestro físico, de dónde hayamos nacido, o de nuestras creencias religiosas.

No todos hemos tenido unos padres como los de Kamala, activistas confesos, que nos hayan adentrado en la justicia social desde pequeños. No obstante, todos podemos aprender a salir de nuestro círculo y ver más allá. Una pregunta reveladora es: *¿Qué cosas les están sucediendo a otros que no permitiríamos que les ocurrieran a miembros de nuestra familia?*

Sin duda, la multiculturalidad de Kamala, con raíces asiáticas, indias, jamaicanas y su educación estadounidense, han ayudado a hacer de ella una persona empática, capaz de entender distintos puntos de vista y ponerse en la piel de los demás.

La profunda igualdad entre los seres humanos y entre todo lo que existe, de hecho, es la base de toda espiritualidad.

Al ahondar en la práctica, descubrimos que no hay separación, solo unidad. Tú eres uno con el Universo y con todos los que en él habitan. Por lo tanto, luchar por la igualdad y el bienestar de todos es luchar por tu propio bienestar ya que, en última instancia, todos somos Uno.

Hablando de igualdad, sin duda viene a nuestra mente la idea de *compasión*. La compasión, en el sentido budista de la palabra, nos lleva a querer lo mejor para los demás, desear que estos estén libres de sufrimiento.

La lucha por la igualdad se asienta sobre la base de la compasión, y se edifica en torno a ella, entendiendo que la igualdad de derechos y oportunidades resulta de la igualdad de condiciones y reduce el sufrimiento de los desfavorecidos.

---

### INTELIGENCIA SOLIDARIA

Si tú también quieres empaparte de la multiculturalidad de Kamala, prepara las maletas, porque nos vamos de viaje.

Puedes aprovechar tus próximas vacaciones para participar de una experiencia en una ONG en un país poco desarrollado. Además de salir de tu zona de confort, romperás así tus esquemas mentales y ampliarás el ancho de banda de tu conciencia.

Darte cuenta de que todo lo que queda por hacer te ayuda a conectarte a la vida de forma más profunda y genuina.

---

# 42

## La fábula del hombre justo

En 1994, Kamala Harris se integró a la oficina del fiscal de Alameda County como asistente del fiscal del distrito, especializándose en crímenes sexuales. Su familia no estaba muy de acuerdo con su elección, por la mala reputación que se granjean los jueces, pero ella insistió en que quería cambiar el sistema desde dentro.

Sobre el valor de la justicia, siempre me ha gustado la fábula del hombre justo:

Cuenta la historia de un campesino que era un modelo de buena conducta y de moralidad para todos, hasta el punto que los vecinos iban a consultarle siempre que tenían problemas o algún litigio.

Humilde e industrioso, ese campesino trabajaba de sol a sol y nunca faltaba comida en su mesa. Tenía un pequeño rebaño de ovejas, y un día se dio cuenta de que faltaba una. Justamente la más pequeña.

Temiendo que se hubiera perdido, se adentró en el monte para buscarla hasta que al fin dio con ella. Al advertir su presencia, la joven oveja descarriada se asustó y, tras pegar un brinco, quedó atrapada entre unas rocas.

Con cuidado para no dañar al animal, el buen hombre fue apartando las grandes piedras hasta que por fin la oveja pudo salir. Fue entonces cuando se dio cuenta de que algo brillaba entre las rocas más bajas: un enorme diamante.

Lo despegó con paciencia y, acto seguido, corrió a casa a enseñárselo a su mujer, que empezó a saltar de alegría. Aquellas rocas estaban dentro de su propiedad. Por lo tanto, todo lo que encontraran allí era suyo.

¡Tal vez se harían inmensamente ricos!

Ambos corrieron a ver si había más diamantes, pero no encontraron ninguno. Conformados, se dijeron que con aquel era suficiente.

La noticia empezó a correr por todo el pueblo, causando gran gozo entre los vecinos, que celebraban que la fortuna hubiera bendecido a aquel hombre bondadoso. Solo el terrateniente del lugar estaba disgustado, ya que le contrariaba que un simple campesino, de un día para otro, fuera tan acaudalado como él por puro azar.

Decidido a que el campesino no disfrutara de su riqueza, el terrateniente se compinchó con el juez para denunciarlo por robo, aduciendo que había encontrado la piedra preciosa en sus tierras.

La policía fue a casa del campesino para arrestarlo y lo metieron en el calabozo. No pintaban bien las cosas para aquel hombre sencillo, ya que era su palabra contra la del terrateniente que movía los hilos del juez.

El día del juicio, los vecinos del labriego llegaron en masa para apoyarle.

El juez, al ver que no sería fácil declararlo culpable sin que el pueblo entero lo tuviera por corrupto, declaró lo siguiente:

—Dado que es difícil saber la verdad, dejo la decisión en manos de la providencia. Reanudaremos la sesión en un rato.

Mientras el público estaba fuera de la sala, el juez escribió en dos papelitos la palabra «culpable». Cuando se reanudó el juicio, anunció:

—Dejemos que la situación la resuelva la mano de Dios. En una papeleta pone «culpable» y en la otra «inocente». Que el acusado elija una de las dos y obedeceremos a la providencia.

Intuyendo la trampa, el campesino tomó una de las papeletas, hizo una bola con ella y se la tragó.

—¡Lo ha estropeado todo! —gritó el juez—. ¿Cómo sabremos ahora el veredicto?

—Es bien sencillo —dijo el campesino—. Si mira la papeleta que no he elegido, sabrá la que he cogido yo.

Al juez no le quedó más remedio que liberarlo, ante la aclamación de todos.

---

## LA LIBERTAD DE NO JUZGAR

Están los juicios que tienen lugar en los juzgados y los que emitimos sobre los demás y sobre nosotros mismos, los cuales nos limitan y condicionan. Cada vez que ponemos una etiqueta, que calificamos algo, nuestra visión queda restringida. Y del acto de juzgar es fácil pasar al de prejuzgar: elucubrar cómo son los demás, cómo actuarán, qué sucederá... antes de que nada haya ocurrido.

Si quieres ser verdaderamente libre, no juzgues —ya lo advertía la Biblia— ni tampoco prejuzgues.

# 43

## No hay golpes de suerte

Si viviéramos en un mundo perfecto en el que todos tuviéramos las mismas oportunidades, ¿realmente seríamos iguales? Es muy probable que no, ya que, en un mismo lugar, cada uno acabaría creando sus propias oportunidades.

La vida nos demuestra que dos personas que empiezan en el mismo sitio y con las mismas oportunidades pueden acabar en lugares muy distintos, puesto que todo depende de las decisiones que tomemos y de las acciones que llevemos a cabo.

El entorno es tan solo una pequeña parte de lo que conforma nuestro destino. Lo que determina en mayor medida este último es *nuestra actitud y nuestras ganas de superación*.

Si crees que todos aquellos que triunfan lo han tenido fácil y que han dispuesto de mejores oportunidades que tú, desengáñate. Muchos, y Kamala es un ejemplo de ello, han tenido que crearse sus propias oportunidades, luchando por el futuro que ellos solos se han construido.

¿Y tú? ¿Te consideras el creador de tu propio destino?

Aquellas personas que dejan el timón de su vida en manos ajenas, culpando al entorno y victimizándose, no llegan a ninguna parte.

Lo que determina nuestra fortuna no son los eventos fortuitos que pasan cada poco tiempo, sino las pequeñas acciones que llevamos a cabo cada día, y que apuntan en una determinada dirección.

De hecho, contrariamente a lo que mucha gente cree, el éxito no es lineal, sino más bien exponencial. Podemos estar trabajando duro durante muchos años sin que haya ningún cambio aparente en el ámbito profesional, lo cual puede llevarnos a abandonar demasiado pronto.

Y es que, así como el bambú tarda siete años en brotar de la tierra mientras está ocupado echando raíces para después, en un mes, alcanzar los diez metros de altura, también el éxito es exponencial y aparece de repente.

A los ojos de los demás supone un golpe de suerte, porque no han visto nada significativo en los últimos años, pero es el resultado de muchos esfuerzos sin aparente recompensa.

Por eso, si te encuentras ahora recorriendo tu camino sin resultados visibles, no desistas. El éxito está reservado para aquellos que tienen la paciencia, la perseverancia y el enfoque para perseguir sus sueños sin abandonar antes de tiempo. ¿Lo conseguirás?

---

### EJERCICIO DE REVISIÓN

Escribe en un papel cuál era tu situación hace cinco años, hace tres y luego uno en el ámbito que te ocupe, sea profesional o familiar.

Date cuenta de cómo cambian las cosas sin que apenas reparemos en ello y, aunque ahora no veas la luz al final del túnel, el futuro en uno, tres o cinco años puede ser muy distinto a tu presente.

Dedícate a hacerlo lo mejor posible cada día y confía en que los resultados aparecerán cuando menos te lo esperes.

---

# 44

## Si no es ahora, ¿cuándo?

¿Eres uno de estos eternos procrastinadores de sueños? Pues siento decirte que el momento perfecto nunca llegará, sencillamente porque no existe.

Si estás esperando a que se alineen los astros para hacer realidad tus ambiciones, pierdes el tiempo. *El momento idóneo no llega, se crea*. Y ese momento es ahora, porque es el único que existe.

Ya lo dijo la actriz Emma Watson en su épico discurso: «Si no yo, ¿quién?, si no es ahora, ¿cuándo?».

El auténtico aprendizaje proviene de actuar, de equivocarse, de levantarse y de hacerlo cada vez mejor. La realidad está allí afuera y el futuro es de los valientes, de los que se atreven y salen a luchar por sus objetivos, día tras día, sabiendo que no es mejor el que más preparación tiene sino el que más practica y se lo trabaja.

Si te cuesta dar el paso y saber en qué momento estás destinando más tiempo a la preparación del necesario, te recomiendo utilizar la regla de Pareto.

Esta ley dice que el 20 por ciento de lo que hacemos nos reportará el 80 por ciento del beneficio, y el 20 por ciento de beneficio restante se conseguirá con el 80 por ciento del trabajo. La curva de la perfección es de cola larga y plana; llegar a un resultado del cien por cien es casi imposible.

El secreto de todos los grandes hombres y mujeres es la práctica, no la teoría, sino la acción. Thomas Edison fabricó mil bombillas antes de dar con la que funcionaba. La primera, y quizá el primer centenar, fueron un fracaso, pero para llegar a esa bombilla perfecta era necesario experimentar con muchas otras.

Por lo tanto, debes mentalizarte de que tu primera puesta en escena será decepcionante. Si lo que quieres es hablar en público, te aseguro que preferirás olvidarte de la primera vez que lo hiciste. Pero es necesario pasar por ello para que tu charla número cien pueda ser digna de recordar.

Si lo que quieres es emprender y crear tu propia empresa, es probable que el primer producto no tenga la acogida que esperabas. Pero el primer paso es el más necesario, y el más difícil. Justamente porque sabemos que vamos a exponernos, que nuestro amor propio puede salir lastimado. Hay tantos que prefieren posponer ese momento *ad infinitum*.

Personalidades como Kamala y como tantas otras que han llegado lejos saben que *se empieza por cosas pequeñas, pero que hay que empezar cuanto antes.*

## EJERCICIO CONTRA LA PROCRASTINACIÓN

1. Haz una lista de todo lo que llevas postergando en tu vida profesional durante demasiado tiempo.
2. Escoge de esa lista lo que más miedo te dé, y haz algo al respecto esta próxima semana. Si quieres mostrar tu arte al mundo, empieza por comprar un dominio para tu página web.
3. A la semana siguiente, prosigue con una tarea por semana orientada a hacer tu sueño realidad.

No tardes más de medio año en completar todo lo necesario para empezar a mostrarte y presentar tu nuevo proyecto.

# 45

## Cuando suena el despertador

Sobre cómo empieza el día, Kamala cuenta:

> Mi esposo se despierta alrededor de las cinco de la mañana, y yo, una hora más tarde. Él lee las noticias, así que, si oigo que hace ruidos, sé que no va a ser un buen día. Entonces me levanto y digo: «Oh, Dios, ¿qué ha pasado?». Luego, en cuanto como me subo al coche camino a la oficina, llamo a mis colaboradores y repasamos el día y lo que sea que haya surgido durante la noche.

Así comienza la jornada la persona que ha inspirado este libro; sin embargo, cada cual debe diseñar sus propios rituales para encarar el día con buen ánimo. Repasemos algunas recomendaciones:

- Iniciar el día con prisas es un campo abierto para el error, el nerviosismo y la irritación. Sacrifica veinte o treinta minutos de sueño para disfrutar de esa calma necesaria para iniciar la jornada con buen pie.
- Incluye algo que te ponga de buen humor: una lista de música favorita, la lectura de un par de páginas que te motiven, un poco de ejercicio.

- Desayuna con calma y sin prisas para que el mundo tenga tiempo de arrancar. Necesitas cargar las pilas para afrontar con energía lo que te espera.
- Fija la prioridad de este día. Al acabarlo, debes haber hecho aquello que para ti es importante.
- No te centres solo en las obligaciones. Pon en tu agenda de hoy al menos una cosa para ti que te haga especial ilusión.

---

## 90/90/1: LA FÓRMULA DEL ÉXITO PARA *FREELANCERS*

En su libro, *El club de las 5 de la mañana*, Robin Sharma propone la regla 90/90/1. Consiste en dedicar, durante noventa días consecutivos, los primeros noventa minutos de cada jornada a hacer de forma exclusiva una sola cosa que suponga una gran oportunidad para ti. En lugar de responder correos y mensajes, o de consultar las noticias en la red, como es habitual, el autor propone cumplir este desafío de forma sistemática durante tres meses.

A no ser que sigas horarios de monje, si tienes un trabajo convencional, puede suponer un gran sacrificio robar noventa minutos al día para hacer tus cosas, pero es un desafío perfecto para trabajadores autónomos. Se trata únicamente de cambiar las prioridades y empezar el día por tu proyecto especial. El resto hallará su lugar a lo largo de la semana.

# 46

## En lugar de quejarte

En su primera aparición en la campaña como candidata demócrata a la vicepresidencia, Kamala Harris explicó lo siguiente:

> Mis padres me llevaban a las protestas atada firmemente en mi cochecito, y mi madre, Shyamala, nos crio a mi hermana Maya y a mí para que creyéramos que nos correspondía a nosotras y a cada generación de estadounidenses seguir adelante. Ella nos decía «No te sientes y te quejes de las cosas; haz algo». Así que hice algo. He dedicado mi vida a hacer realidad las palabras grabadas en la Corte Suprema de Estados Unidos: igualdad de justicia ante la ley.

Quejarse no sirve de nada, y además nos resta popularidad, ya que a nadie le resulta estimulante escuchar lamentos.

Hacer algo, como aconsejaba la madre de Kamala, es el mejor remedio contra esta enfermedad, pero también puede servirte un cambio de perspectiva. Hay un cuento judío especialmente lúcido al respecto.

Acuciado por la difícil situación en la que vive, un hombre acude a un rabino para pedirle consejo:

—Rabino —dice el hombre—, mi casa es muy pequeña. Con mi mujer, mis hijos y mis suegros viviendo en una sola habitación, estamos siempre estorbándonos los unos a los otros. Nos pasamos el día discutiendo. ¡No sé qué hacer!

—¿Tienes una vaca? —le pregunta el rabino.

El hombre responde que sí, y entonces el sabio le aconseja que la meta también dentro de la casa. Perplejo, el hombre hace lo que le pide; pero, una semana después, vuelve quejándose de que las cosas se han puesto mucho más desagradables que antes.

—Mete también en casa a tus dos cabras —le ordena el rabino.

Una vez más el hombre sigue su consejo, pero regresa explicando que la situación se ha puesto aún peor. Y de nuevo el rabino le pregunta si tiene otros animales.

—Solo un perro y algunas gallinas.

—Mételos también en casa —le pide el rabino—, y vuelve la semana que viene.

Aturdido, el hombre regresa a su casa y sigue el consejo del sabio. Cuando vuelve, está totalmente fuera de sí.

—¡Esto es insoportable! He de hacer algo o me volveré loco. ¡Por favor, ayúdeme!

—Escucha con atención —le dice el rabino—: coge la vaca y llévala al establo, saca las cabras al corral, deja al perro fuera de casa, y devuelve las gallinas al gallinero. Y, dentro de unos días, ven de nuevo a verme.

Al regresar, el hombre está eufórico.

—¡Ah, rabino! Con solo mi mujer, mis hijos y mis suegros en casa hay mucho más espacio ahora. ¡Menuda mejora!

## LA RECETA DE CARNEGIE

Dale Carnegie, autor del manual para comerciales más influyente de los últimos cien años, *Cómo hacer amigos e influir en las personas*, comenta sobre el vicio de lamentarse:

«Cualquier tonto puede criticar, censurar y quejarse, y casi todos los tontos lo hacen».

Proponte como lema de vida ser un *hacedor* en lugar de un *quejica*. Cada vez que te entren ganas de lamentarte, haz algo.

# 47

## Por qué y para qué

Todo lo que ocurre en nuestra vida puede tener un propósito y un sentido si, en lugar de preguntarnos *por qué* sucedió, nos preguntamos *para qué* sucedió.

¿Qué quiere decirme la vida con lo que me ha pasado?

La diferencia entre el *porqué* y el *para qué* es muy grande. Cuando nos preguntamos *por qué*, lo único que intentamos es comprenderlo, y eso no significa que vayamos a cambiar nada. Podemos continuar actuando exactamente igual a como lo hacíamos, y permanecer así en un círculo vicioso sin fin, en el que se repiten los errores porque no hemos aprendido la lección.

Al preguntarnos *para qué* existe ya una intención de cambio, de transformación, de evolución. La vida se convierte así en una gran escuela, donde vamos aprendiendo el arte de existir.

La existencia tiene sus propios tempos, que pueden ser más lentos que tus expectativas, pero eso no significa que sean peores. Deja que te cuente la vida de alguien que:

- Fracasó en los negocios a los treinta y un años.
- Fue derrotado a los treinta y dos como candidato a unas elecciones legislativas.
- Volvió a fracasar en los negocios a los treinta y cuatro.

- Tuvo que afrontar la muerte de su pareja a los treinta y cinco.
- Sufrió un colapso nervioso a los treinta y seis.
- Perdió en otras elecciones a los treinta y ocho.
- Fracasó en su intento de ser elegido congresista a los cuarenta y tres, a los cuarenta y seis, y a los cuarenta y ocho años.
- No consiguió ser senador a los cincuenta y cinco.
- Fracasó en su intento de ser vicepresidente a los cincuenta y seis.
- No resultó elegido senador a los cincuenta y ocho.

Y, por fin... fue elegido presidente de Estados Unidos a los sesenta años. Su nombre era Abraham Lincoln, y el resto es historia.

La vida fue modulando sus objetivos, y no cabe duda de que lo pasó mal en casi todas estas derrotas. Pero tenía que ser así: él debía ser el presidente de Estados Unidos con sesenta años. Ni vicepresidente ni senador, sencillamente debía ocupar el puesto más importante, sin duda a nivel mundial, en el momento justo.

Todo lo que ocurre tiene una razón de ser. Tu momento llegará, pero tienes que aprender a navegar con paciencia, para evolucionar hacia donde debes ir hasta que desarrolles todo tu potencial.

## TRES «NO» PARA VIVIR EN AFIRMATIVO

- No juzgues los acontecimientos como buenos o malos, sino como pequeñas ayudas que te guían en tu camino de evolución.
- No te preguntes por qué sucede algo, sino *para qué*, cuál es la enseñanza que te aporta.
- No te impacientes. La vida es una carrera de fondo.

# 48

## Quien pierde sus orígenes pierde su identidad

Cuando Kamala era pequeña, visitaba tanto una iglesia baptista negra como un templo hindú, abrazando así sus dos identidades. Como ella misma dice: «Mi madre entendió muy bien que estaba criando a dos hijas negras y estaba decidida a asegurarse de que nos convirtiéramos en mujeres negras orgullosas y seguras de sí mismas».

Para experimentar ese orgullo, es importante asumir tu origen, o tus orígenes en el caso de Kamala. Un viejo cantautor decía: «Quien pierde sus orígenes pierde su identidad». ¿Eres consciente de la tuya?

Lo que construye tu identidad va más allá de la raza o de la fe religiosa, e incluye también:

- La historia de tus ancestros, que de un modo u otro pervive dentro de ti.
- Tus aciertos y fracasos, todo aquello que salió bien y que salió mal; lo primero te proporcionó felicidad, lo segundo, aprendizaje.
- Todo lo que has sido y has amado.
- Todo lo que estás llamado a ser.

En su novela *Demian*, Hermann Hesse describía de forma maravillosamente poética este proceso de encontrarse a uno mismo y, al mismo tiempo, hacerse a sí mismo:

> La vida de cada hombre es un camino hacia sí mismo, el intento de un camino, el esbozo de un sendero. Ningún hombre ha llegado a ser él mismo por completo; sin embargo, cada cual aspira a llegar, los unos a ciegas, los otros con más luz, cada cual como puede. Todos llevan consigo, hasta el fin, los restos de su nacimiento, viscosidades y cáscaras de un mundo primario [...]. Pero todos son una proyección de la naturaleza hacia el hombre. Todos tenemos en común nuestros orígenes, nuestras madres; todos procedemos del mismo abismo; pero cada uno tiende a su propia meta, como un intento y una proyección desde las profundidades. Podemos entendernos los unos a los otros; pero interpretar es algo que solo puede hacer cada uno consigo mismo.

---

### TRAZA TU ÁRBOL FAMILIAR

Este es un ejercicio formidable para conocer la herencia de nuestros ancestros. Para ello, te pueden ayudar diferentes plantillas que existen para que vayas rellenándolas con nombres y fotografías, si dispones de ellas, con las fechas de nacimiento y muerte, indicando el lugar en ambos casos.

Como curiosidad, el árbol genealógico más extenso nunca hecho fue publicado por la revista *Science* e incluye trece millones de personas y recoge once generaciones. Se hizo gracias a millones de perfiles interconectados para entender las migraciones y matrimonios en Europa y Estados Unidos a lo largo de los últimos quinientos años.

---

# 49

## Dar es darse

El creador de la psicomagia, Alejandro Jodorowsky, dice que «lo que das te lo das; lo que no das te lo quitas», en el sentido de que una actitud generosa ante la vida favorece la prosperidad.

Ciertamente, al dinero y al conocimiento les encanta el movimiento. No les gusta quedarse estancados, es decir, entrar y no salir. Para que el dinero y el progreso estén presentes en tu vida, debes compartir esa energía con los demás.

El maestro espiritual Ramana Maharshi afirmaba que somos todos Uno, que no hay distinción entre tú y yo, por lo que todo lo que me das te lo estás dando a ti.

Cuando le preguntaron cómo debía tratarse a los otros, su respuesta fue clara: «No hay otros».

La vida es movimiento, energía que fluye como el agua. Si se estanca, se pudre. Con el dinero y el conocimiento ocurre lo mismo: aquel que solo acumula y no comparte no logrará avanzar todo lo que podría si repartiera con los demás. Ayudando a los demás, te ayudas a ti mismo.

En el hecho de no compartir subyace el miedo a que no haya suficiente para todos, una mentalidad de escasez en la que no todos pueden tener por igual. El universo es abundancia, hay para todos si la mentalidad es la adecuada. Dad, y se os dará. Esa es la clave. Permite que fluya todo lo que tienes para ofrecerle al mundo y se te devolverá multiplicado. Obra con una mentalidad de abundancia y esta se manifestará en tu vida. Atraes lo que piensas, recibes lo que das.

---

**PREGUNTAS PARA REFLEXIONAR**

- ¿Con qué no estás siendo generoso?
- ¿Qué acto de generosidad podrías hacer esta semana que impacte en alguien de forma positiva?
- ¿Qué te has quedado para ti por miedo a perderlo?
- ¿Cuáles son esos bloqueos que impiden que atraigas la abundancia?

# 50

## Luchando por la justicia social

Kamala pasó casi cada fin de semana de su primer año en la Universidad de Howard, una universidad históricamente negra de Washington D. C., en el centro comercial protestando contra el *apartheid*.

Al fin y al cabo, nació de la unión de dos personas que se conocieron y se enamoraron gracias a su defensa de los derechos civiles, como hemos visto en páginas anteriores.

El fervor por un mundo más equitativo y justo hizo mella en Kamala, que participó en numerosas manifestaciones y hasta organizó, con trece años, una en el edificio en el que vivían entonces en Montreal, en contra de la prohibición a los niños de jugar en el césped. La protesta fue un éxito, como tantas otras cosas que Kamala conseguiría a lo largo de los años.

Las personas comprometidas con la justicia social demuestran grandes dotes de resiliencia y perseverancia. Son capaces de luchar por un ideal a sabiendas de que el cambio puede ser muy a largo plazo, y no por ello desisten en su empeño de verlo convertido en una realidad.

De hecho, las manifestaciones continuadas a lo largo del tiempo seguramente tuvieron sobre Kamala un gran efecto positivo: el de dotarla cada vez más de paciencia y perseverancia.

La perseverancia es una de las mayores fortalezas del carácter, porque permite a quien la desarrolla salir adelante a pesar de los obstáculos. Hay que seguir insistiendo aunque no se obtengan resultados a primera vista. Si tú también quieres desarrollar tu perseverancia, aquí van seis consejos para ayudarte a conseguirlo:

1. *Inspírate en alguien* que ya posee esta cualidad y a quien admires por ello. Las neuronas espejo del cerebro son las encargadas de imitar el comportamiento de los demás, son fuente de aprendizaje desde la más tierna infancia, cuando los bebés aprenden observando a los adultos, y siguen siéndolo a lo largo de toda la vida.

2. *Permítete descansar.* Es muy difícil estar dedicado en cuerpo y alma a una causa sin el descanso apropiado. Te arriesgas a estallar y echar a perder todo el esfuerzo que has realizado. Aprende a respetar tu ritmo biológico y podrás seguir al pie del cañón por mucho tiempo.

3. *Recompénsate.* Cuando un objetivo es muy a largo plazo, es fácil perder la motivación y dejar de perseverar en él. Adjudícate alguna recompensa que te permita ver el esfuerzo que estás realizando y te motive a seguir adelante.

4. *Piensa en positivo.* Es la única forma de llegar hasta el final. Si empiezas a desviarte hacia la negatividad, abandonarás antes de darte cuenta o, peor aún, desmotivarás a todos los que están a tu alrededor. Busca siempre el lado bueno de todo cuanto estés viviendo, porque lo hay.

## LA CLAVE JAPONESA DEL ÉXITO

Si quieres llegar hasta el final de esa causa o proyecto que tanto te importa, tendrás que desarrollar la perseverancia necesaria para no abandonar y conseguir todo lo que te propongas.

Sobre esto, hay un proverbio japonés que describe muy bien la capacidad de sobreponerse a cualquier adversidad y seguir adelante: «Si te caes siete veces, levántate ocho».

# 51

## Bienestar colectivo y sostenibilidad

Kamala es una activista a favor del medioambiente. Ha defendido la importancia de actuar a tiempo contra el cambio climático en numerosas ocasiones, y ha votado a favor de las políticas por un modo de vida más sostenible para el planeta. Como fiscal general primero y como vicepresidenta ahora, Kamala dispone de un gran poder para frenar el cambio climático, pero tu impacto también puede ser muy grande.

Sí, el daño lo hacen las grandes empresas, y son los políticos los que acaban dictando las directrices a seguir, pero también tú como ciudadano puedes cambiar el mundo. A veces, te sentirás como una hormiguita, pero lo cierto es que somos muchas hormiguitas. Y ya sabes lo que eso puede llegar a ser.

Pero ¿qué significa vivir de forma sostenible? Un estilo de vida sostenible es aquel en el que tu impacto negativo sobre el planeta es mínimo.

Se trata fundamentalmente de acertar en la toma de decisiones. Cada vez que te enfrentes a una elección, plantéate cuál sería la mejor solución para el planeta. Algunas tienen repercusiones mayores que otras, pero todas son importantes.

¿Comprar agua en botellas de plástico para beber en

casa o adquirir un filtro para el grifo? ¿Envolver los restos de comida en papel film o guardarlos en un táper? ¿Comprar mucha ropa barata, pero sintética y fabricada en algún país lejano, o comprar menos, pero de mayor calidad, y sabiendo quién la ha fabricado?

Casi todas las decisiones que tomamos a diario afectan al planeta, y no nos damos cuenta de ello. A continuación, veremos algunos ámbitos y cómo empezar a cambiar el chip.

*La regla de las 3 R: reducir, reutilizar, reciclar.*

Solemos tener muy presente el reciclaje, sin pensar que el reciclaje no es una solución, sino una última opción. La verdad es que el reciclaje es un proceso costoso y contaminante y, además, poco de lo que se recicla acaba siendo reutilizado.

Antes de *reciclar*, conviene *reducir* las necesidades y dejar de comprar de forma impulsiva cosas que no necesitamos y de las que nos deshacemos al poco tiempo. Apostar por productos que podamos *reutilizar* muchas veces.

La industria de la *fast fashion*, por ejemplo, con ropa barata que podemos cambiar después de dos usos, ha hecho mucho daño en este sentido. Pero es que todo últimamente parece haber tomado este camino, de ahí el nacimiento del movimiento *slow*, que busca alejarse de toda esta locura del consumismo innecesario.

Si, al pensar en el cambio climático, te dices que es algo demasiado grande para que tú puedas hacer algo al respecto, no estás en lo cierto. La solución está en pensar de forma global, actuando localmente, como reza el lema.

Greta Thunberg empezó haciendo huelgas contra el cambio climático, sola, ante el Parlamento sueco, y acabó siendo conocida en todo el mundo. Es un gran ejemplo de líder. Actúa en tu vida cotidiana tomando decisiones sostenibles y promoviendo este estilo de vida entre tus conocidos. Recuerda: somos muchas hormigas y, si todas vamos juntas, podemos obrar un gran cambio.

---

**3 CITAS PARA REFLEXIONAR**

No subestimes el poder de un grupo de ciudadanos
dispuestos a cambiar el mundo.

MARGARET READ

El mundo que compartimos nos ha sido dado en confianza.
Cada decisión que tomamos respecto a la tierra, aire y agua
que nos rodean debería ser tomada con el objetivo
de preservarlas para todas las generaciones que vienen.

AUGUST A. BUSH III

La sociedad de consumo nos ha hecho sentir que la felicidad
radica en tener cosas, y no nos ha enseñado
la felicidad de no tener cosas.

ELISE BOULDING

---

# 52

## Relajarte en los fogones

Durante el confinamiento, muchas personas redescubrieron el placer de cocinar en casa. Acostumbrados a correr de un lado a otro y de comer deprisa y mal en restaurantes de *fast food*, el ritual de pensar una receta, elegir los alimentos y tomarse el tiempo para prepararla es altamente relajante, además de nutrir el cuerpo y el espíritu.

Kamala reconoce ser una cocinera entusiasta que se guarda las recetas de la sección de cocina de *The New York Times* y ha cocinado casi todas las recetas de *The Art of Simple Food*, de Alice Waters.

Su cena favorita, cuando no tiene tiempo para platos sofisticados, es un simple pollo asado.

Veamos, en sus propias palabras, los ritos cotidianos que la relajan:

> Si he tenido un día particularmente loco, trato de darme un buen baño caliente antes de acostarme. Y tomo una infusión, por lo general de manzanilla. Una de las cosas que hago para relajarme al final del día es leer recetas. Tengo una colección completa de libros de cocina, así que, si estoy en casa, los leo. Puede ser de Marcella Hazan o de Alice Waters. A veces, utilizo la aplicación de cocina

de *The New York Times*, si estoy de viaje, o entro en la sección de pago en *Bon Appétit*.

En cuanto al poder terapéutico de la cocina, dice lo siguiente:

> Puedo estar en seis aviones en una misma semana y lo que me hace sentir normal es preparar una cena familiar el domingo por la noche. Si estoy cocinando, siento que tengo el control sobre mi vida [...]. Mi hija solo come pescado, no carne, así que el fin de semana pasado hice pez espada y tosté semillas de cardamomo y comino y lo hice con ajo, cebolla y limón y lo mariné, y estaba realmente delicioso. Luego, hice albóndigas de cordero para todos con menta y perejil y un poco de cilantro, y luego cociné esa cosa de yogur con pepinos y un poco de zumaque. Por supuesto, escuchamos música cuando cocinamos. Este domingo tocó jazz de la vieja escuela.

¿No te entran ganas de ponerte ya a los fogones?

---

**EL ZEN DE LA COCINA**

En 2006, la directora alemana Doris Dörrie filmó el documental *Cómo cocinar tu vida* sobre el cocinero y monje zen Edward Brown. Es un célebre *tenzo*, como se conoce al jefe de cocina de los monasterios budistas.

Conmueve el amor con el que trabaja los alimentos, tal como explica el propio *tenzo*: «Cuando uno cocina, no solo cocina. No solo maneja la comida, sino que maneja a otras personas y se maneja a sí mismo. Cocinar tiene que ver con el cuidado de nosotros y con el cuidado de los demás».

# 53

## Trabajar duro *versus* trabajar inteligentemente

El concepto de trabajar duro es muy estadounidense, es decir, ponerle ganas y empeño a un trabajo. Un concepto que no se usa tanto pero que es igual o más importante es *trabajar inteligentemente*.

Estar ocupados sin parar y trabajar duro no es ninguna garantía para el éxito. Por muy duro que trabajemos, si no lo hacemos de forma inteligente, no llegaremos muy lejos. El secreto es saber picar en el muro adecuado.

El trabajo inteligente tiene que ver con la eficiencia, en lograr más en menos tiempo, crear sistemas y procesos que optimicen el uso de tu tiempo. No olvidemos que el tiempo es un recurso finito y que hay que tratarlo como lo que es: un bien escaso.

La pandemia mundial por COVID-19 está ayudando a cambiar la mentalidad de los empresarios en cuanto al *trabajo duro* versus *trabajo inteligente*. Mientras que antes se nos exigía estar en el lugar de trabajo calentando la silla de nueve a cinco, ahora se valoran más los resultados.

Las ideas que subyacen al trabajo inteligente están construidas sobre tres pilares: automatización de procesos, subcontratación y enfoque en los resultados.

Entonces ¿cómo nos convertimos en trabajadores inteligentes?

Se ha demostrado que muchas personas exitosas son naturalmente «trabajadores inteligentes», porque basan sus decisiones en estos sistemas: *organización y priorización*.

¿Conoces la matriz de Eisenhower? La encontrarás al final de este capítulo.

Cada tarea puede clasificarse dentro de uno de los cuatro recuadros, y así ver en qué debemos invertir nuestra energía y qué tareas son nimiedades que nos roban el tiempo. El trabajo inteligente consiste en gestionar el tiempo y la vida de forma eficiente.

Descarta todo lo que no vaya a aportarte nada y céntrate en lo importante. Tómate el tiempo de planificar y de organizar bien tu trayectoria. *Piensa en grande y actúa en pequeño*.

No deberíamos admirar a las personas que están siempre pegadas al teléfono, ocupadas yendo de aquí para allá. Ya lo dijo Tim Ferriss en su libro *La semana laboral de 4 horas*: mucha gente podría alcanzar los mismos resultados que obtiene trabajando veinte horas a la semana trabajando solo cuatro horas.

Por último, mantén una perspectiva a corto y largo plazo. Sé realista sobre lo que puedes lograr y cuándo. El éxito requiere esfuerzo, pero también canalizar ese esfuerzo en la dirección correcta. No te engañes pensando que estás empleando tu tiempo de manera eficaz y «trabajando duro» solo porque estás sentado frente al ordenador diez horas al día y trabajas los fines de semana.

Empieza a trabajar de manera efectiva y así podrás disfrutar de la vida.

## CÓMO PRIORIZAR TAREAS

| | URGENTE | NO URGENTE |
|---|---|---|
| **IMPORTANTE** | Si es importante y urgente<br><br>HAZLO YA | Si es importante pero no urgente<br><br>PLANIFICA |
| **NO IMPORTANTE** | Si no es importante pero sí urgente<br><br>DELEGA | Si no es ni importante ni urgente<br><br>ELIMÍNALO |

# 54

## Atracción por lo difícil

Uno de los conceptos más interesantes de la teoría del *Flow*, de Mihaly Csikszentmihalyi, es que el ser humano necesita cierto grado de dificultad para motivarse.

Al igual que si nos trazamos un objetivo demasiado ambicioso podemos bloquearnos, restringir nuestra vida a la zona de confort lleva a la apatía y al desaliento.

Si hay algo seguro en esta vida es que siempre encontraremos desafíos, tanto en nuestra carrera como en el terreno más personal. La misma Kamala Harris escribió sobre las dificultades que tuvo en los inicios de su relación con su pareja, Douglas Emhoff, en sus memorias *The Truths We Hold* en 2019:

> Como mujer soltera y con carrera de cuarenta años, siempre expuesta al público, las citas no eran fáciles. Sabía que, si llevaba a un hombre conmigo a un evento, la gente comenzaría a especular de inmediato sobre nuestra relación. También sabía que las mujeres solteras en política son vistas de manera diferente a los hombres solteros. No somos consideradas de la misma manera cuando se trata de nuestra vida social.

Aun así, en 2014 se casó con Doug Emhoff, un abogado de Los Ángeles judío, en una pequeña ceremonia privada. Él tenía dos hijos de un matrimonio anterior, que han puesto a Kamala el apodo de «momala».

Nada fue fácil para ambos, pero el amor creció y los ha convertido en una de las parejas más admiradas en todo el mundo.

---

**INTELIGENCIA Y AMOR**

Según un estudio de la Universidad de Australia Occidental, la inteligencia nos hace atractivos para los demás, pero al mismo tiempo limita nuestra facilidad para encontrar pareja. El estudio demostró que, en especial, las personas más inteligentes suscitan inseguridad en sus posibles compañeros, sea por miedo a no estar a la altura o porque son vistas como «complicadas» en una posible relación.

Si eres brillante como Kamala Harris y no tienes pareja, la solución está clara: busca a alguien tan inteligente como tú.

---

# 55

# Focus

En la vida hay dos tipos de personas: las románticas, apasionadas por aprender sobre distintos temas, siempre creativas e inquietas; y las que ahondan en un tema específico y se convierten en grandes expertos.

Estos dos tipos de personalidades tienen ventajas e inconvenientes.

Los primeros a menudo padecen el *síndrome del explorador*. Quieren saber un poco de todo, sin comprometerse con nada, por miedo a perderse algo si se encasillan.

Los segundos suelen carecer de la creatividad de los primeros, pero su enfoque y perseverancia suele llevarlos a ocupar cargos importantes porque son, en efecto, expertos.

En su libro *Fueras de serie (Outliers)*, Malcom Gladwell hablaba justamente de este segundo tipo de personas, aquellas que se especializan hasta convertirse en verdaderos expertos. Llegó a la conclusión de que se necesitan diez mil horas de dedicación a un tema o a una habilidad para convertirse en un experto.

Esto es algo imposible de realizar para los exploradores, que van saltando de flor en flor en cuanto algo ya no les aporta nada nuevo. Son personas que se lanzan de cabeza, con un ímpetu digno de admirar, hacia todo lo novedoso, pero que son incapaces de perseverar en una misma senda una vez han llegado al punto en que, según ellos, ya saben suficiente.

Si bien es cierto que la creatividad es una virtud muy preciada, la dispersión que acompaña a muchos grandes creativos no lo es. Si crees que sufres, en mayor o menor medida, el síndrome del explorador, voy a darte unas cuantas pautas para dejar la dispersión a un lado y empezar a poner un poco más de enfoque en tu vida.

1. Una pequeña motivación: *Si quieres sobresalir en algo, debes especializarte* en ello. No te estás perdiendo nada por decidirte por un área y seguir en ese camino; al contrario. Te darás cuenta de que, cuanto más sepas sobre un tema en concreto, más oportunidades tendrás y más gente llamará a tu puerta para que la asesores, y es que la gente busca a expertos, no a alguien que sabe un poco de todo. Las oportunidades laborales —tanto si trabajas en tu marca personal como si tu interés está en trabajar para una gran organización— son para aquellos que tienen un rol bien definido, porque eso es lo que permite a quien va a contratarte saber exactamente por qué te adjudicará ese puesto y qué vas a aportarle. Es difícil contratar a alguien que sabe un poco de muchas cosas, porque la utilidad que puede tener ese conocimiento más superficial es limitada.

2. En segundo lugar, *la dispersión puede superarse con un ejercicio de realismo*. Si te paras a pensar en todas las cosas que se pueden aprender en este mundo, te darás cuenta de que es imposible saberlo todo. De manera que, sí, en cierto modo, siempre te estarás

perdiendo algo, porque así es como funciona la vida. Nadie puede saberlo todo.

3. Finalmente, *piensa en quienes han dejado un legado en este mundo, y quienes lo están haciendo ahora.* Kamala es un buen ejemplo de ello. Su carrera es una línea recta y decidida hacia un objetivo concreto. No presenta incongruencias o saltos bruscos de un interés a otro. Las personas que sobresalen lo hacen por ser expertas en su campo, y lideran desde esa posición. Así lo hicieron los grandes músicos, como Beethoven o Bach, y el panorama no ha cambiado desde entonces. A quien lleva años dedicado a un tema se le considera un experto, y por ello le llueven más oportunidades.

---

**SIGUE BUSCANDO, SIGUE EXPLORANDO**

No te desanimes si eres de los que no sabe qué camino escoger y te gusta aprender sobre temas distintos. Nunca es tarde para encontrar tu verdadera misión en la vida y empezar a invertir tu energía en ese campo, sin pensar en todo lo que podrías estar haciendo en otros ámbitos.

Cada ser humano tiene su lugar en el mundo, y antes o después descubrirás el tuyo. Tal como decía Viktor Frankl a sus pacientes: «Quien no tenga un propósito en la vida, yo le regalo uno: a partir de ahora, tu propósito será descubrir cuál es tu propósito en la vida».

# 56

## El equipo adecuado

Los grandes hombres y mujeres de éxito siempre escogen a los mejores consejeros; los perdedores regatean con la recompensa de los demás o bien no soportan tener a su lado a personas más inteligentes que ellos.

Hace años, un amigo mío trabajaba en el departamento de recursos humanos de una empresa familiar que quebró al poco tiempo. La dirigía el nieto del fundador, si bien la empresa aún pertenecía a este último.

El nieto, llamado Karl, era un hombre excesivamente receloso de los demás y de su, según él, *agenda oculta*. Prohibió a mi amigo contratar a nadie demasiado inteligente. Si bien no se lo dijo de forma tan directa, quedó claro después de rechazar en numerosas ocasiones a los mejores candidatos.

Siempre acababa escogiendo a los más mediocres. Tiempo después, se supo que tenía miedo de que su abuelo viera que había hombres más capaces que su nieto para dirigir la empresa, y decidiera que este ya no era necesario.

Esta actitud basada en el miedo a perder acabó llevando a la empresa a la ruina. Sin un equipo competente, sencillamente no pudo sobrevivir.

Aunque por tu situación personal no necesites contratar a gente, sí escoges con qué tipo de personas te relacionas. Parecida a la historia anterior, mi mujer me contó una vez que tuvo durante un tiempo una amiga que, de un día para otro, ya no quería quedar con ella.

Mi mujer, extrañada, le preguntó qué le pasaba, a lo que la otra respondió que prefería ir con chicas menos guapas para poder resaltar más. ¡Bendita locura!

David Ogilvy, el creador de la publicidad moderna, decía: «Si contratas a gente inferior a ti, construirás una empresa de enanos. Si, por el contrario, contratas a gente superior a ti, construirás una empresa de gigantes».

Rodearnos de personas brillantes nos permite aprender de ellas y experimentar, día tras día, cómo actúan estas personas que brillan para poder asemejarnos a ellas.

Por eso mismo, si eres el más inteligente de tu grupo de amigos, preocúpate; si eres el que más lee de tus conocidos, preocúpate; si eres el que mejor habla, preocúpate... y así con un sinfín de cosas.

Está muy bien colgarse la medalla cada vez que dices que has dado una charla delante de cien personas, algo que nadie de tu entorno ha hecho nunca. Pero ¿acaso no sería mejor rodearte de quien da charlas ante dos mil personas y aprender de él? Cierto, ya no serías el número uno, pero ser el mejor de tu pueblo y quedarte allí es como tener la oportunidad de jugar en la NBA y no ir por miedo a no ser el mejor.

Todos los que se atreven a dar el salto empiezan en la cola de la liga profesional, pero no están allí mucho tiempo. Y, créeme, es mucho más gratificante jugar a nivel profesional que ser el mejor de los amateurs. Expande tus círculos.

## ELEVARSE EMOCIONALMENTE

Las personas brillantes no solo son una buena influencia en la carrera profesional de uno. Rodearnos de personas con un alto nivel de inteligencia emocional supone también una gran ventaja, ya que, por contagio emocional, acabamos pareciéndonos a ellos.

Por lo tanto, merece la pena examinar cómo son las personas de las que nos rodeamos, también en el ámbito de las emociones. Parafraseando el viejo dicho: «Dime con quién vas y te diré cómo te sientes».

# 57

## Dar y recibir

En 2014, el psicólogo y escritor estadounidense Adam Grant publicó *Dar y recibir*, un interesante estudio que relaciona el éxito con nuestra forma de gestionar la generosidad.

Aunque en un capítulo anterior abordamos la importancia de dar y darse a los demás, eso no debe hacerse de cualquier modo, sin criterio, ya que podemos acabar en el escalón más bajo del éxito.

Adam Grant divide a las personas con las que tenemos interacciones en las siguientes categorías:

1. DONANTES. Los que tienden de forma natural a dar a los demás. Entre ellos, hay dos subgrupos que comentaremos más adelante.
2. RECEPTORES. Los que reciben, reciben y reciben... y pocas veces sueltan nada. Acaban drenando a los donantes.
3. EQUILIBRADORES. Son los que se esfuerzan en que haya un equilibrio entre lo que dan y lo que reciben, y miden a cada persona según este criterio.
4. FALSOS DONANTES. Son más peligrosos que los receptores, ya que bajo su apariencia de generosidad te dan uno, pero te quitan diez.

Este libro parte de un estudio muy interesante. Un grupo de científicos del ámbito social comprobó, mediante estadísticas, que los donantes ocupan la parte más baja del escalafón en todas las profesiones. Justamente porque lo dan todo, son los que menos dinero tienen y los que ocupan puestos de menor responsabilidad.

¿Y quién hay en lo más alto del escalafón del éxito? Ahí viene lo más interesante... No son los receptores, ni tampoco los equilibradores. Ambos ocupan el medio de la tabla. Arriba de todo están nuevamente los donantes. Pero no son los mismos donantes que ocupan la parte inferior de la tabla. Esta es la subdivisión:

1. DONANTES CON CRITERIO. Son aquellos que saben cuándo dar, a quién, cómo, por qué y a cambio de qué. Los grandes hombres y mujeres de negocios pertenecen a esta categoría. Dan mucho, pero sus donaciones les reportan múltiples beneficios, además de prestigio social, lo cual no sucede con la otra clase de donantes.

2. FELPUDOS. Son aquellos que dan al por mayor, a todo el mundo y sin ningún criterio. La gente se acostumbra tanto a que den que dejan de valorar sus donaciones (Adam Grant habla de ellos como «bobalicones») y establecen con ellos, además, relaciones totalmente asimétricas. Esta clase básica de donantes reciben el nombre de «felpudos» porque al final, por mucho que den, todo el mundo acaba pisándolos.

## DEJA DE SER UN FELPUDO

La verdadera razón por la que mucha gente lo entrega todo y aceptan que se les pise es porque creen que con ello están comprando amor. Parten de la idea equivocada de que, si lo damos todo, los demás nos querrán, nos necesitarán y estarán en deuda con nosotros.

Nada más lejos de la realidad. Los donantes sin criterio son maltratados por sistema e incluso traicionados, cuando surge un beneficio mayor, mientras que las personas de carácter, que dan a la persona correcta, en la situación y condiciones correctas, se ganan el respeto de casi todo el mundo.

# 58

## Menos es más

El estilo de vida minimalista va calando cada vez más en nuestra sociedad de consumo. Empezamos a ver que tener más de todo no es sinónimo de felicidad, ya que lo que posees puede acabar poseyéndote a ti.

Pero ¿qué es ser minimalista? Es desapegarse de todo aquello innecesario o que no aporta alegría a tu vida. Ya lo dijo Marie Kondo, en su famoso método de organización: lo primero es *deshacerte de lo que no hace que tu corazón se emocione.* Y ese es justamente el pilar del minimalismo y el primer paso fundamental: *eliminar lo que no aporta.*

El minimalismo es un proceso no solo de desapego, y de aprender a dar las gracias a lo que ya no usas y dejarlo ir, sino también de tomar consciencia de ello a la hora de comprar.

### Elegir CALIDAD *versus* CANTIDAD

Muchas personas de éxito han optado por un armario minimalista. Steve Jobs, con su característico jersey negro de cuello alto, sus tejanos y sus zapatillas de deporte, o Mark Zuckerberg, con su camiseta gris, y también tejanos y zapatillas de deporte, son un perfecto ejemplo de ello.

Pero también Kamala, durante toda su campaña como candidata a vicepresidenta de Estados Unidos, llevaba todos los días sus zapatillas de deporte Converse, hecho que generó numerosos memes en las redes sociales.

El minimalismo en la ropa no significa renunciar a ir bien vestido, sino a comprar menos y de mayor calidad para que las prendas duren más.

Los beneficios de no tener que estar pensando qué nos vamos a poner ante una avalancha de posibilidades son muchos. Vestirse puede ser una acción en la que invirtamos poca energía, que reservamos para decisiones mucho más importantes.

Por eso Steve Jobs o Mark Zuckerberg tenían armarios tan monótonos. Al liberar el desorden exterior, también se acaba el desorden interior, y la mente queda disponible para otras cuestiones, las verdaderamente importantes para crear la vida que quieres.

---

**CÓMO MANEJA LOS REGALOS UN MINIMALISTA, SEGÚN JOSHUA BECKER**

a) Necesidades sobre deseos.
b) Calidad sobre cantidad.
c) Experiencias sobre posesiones.
d) Lista de regalos lo antes posible.
e) Consumibles sobre no consumibles.

---

# 59

## Autoestima que empodera

Quienes infunden en los demás el deseo de realizar sus propios sueños y consiguen que esos otros vean todas las posibilidades que tienen a su alcance son personas con una fuerte autoestima. Inspiran a otros para ser fuertes y brillar con luz propia porque ellos ya lo hacen.

*No se puede dar lo que no se tiene.* Así, la autoestima no solo es fundamental para recorrer tu propio camino, sino que es el motor que te permite alentar a otros a convertirse en la mejor versión de ellos mismos, como se dice últimamente.

¿Por qué, si no, nos gusta tanto leer biografías de las personas de éxito? Porque queremos entender cómo pensaban, cómo actuaban y ver qué cosas podemos llevar a nuestra propia vida.

Al alcanzar objetivos y demostrar así que somos capaces de ello, motivamos a los demás a hacer lo mismo. Les decimos que es posible aquello que hasta ahora se consideraba inalcanzable.

Hasta 1954, se creía que era imposible correr una milla en menos de cuatro minutos. La medicina incluso advertía de una posible muerte por paro cardíaco si se sobrepasaba ese límite. En cien años, nadie había bajado de los cuatro minutos, pero el 6 de mayo de 1954 el británico Roger Bannister batió el récord mundial, dejándolo en 3 minutos 59 segundos.

Una vez rota esa barrera mental que decía que era imposible bajar de esos cuatro minutos, tras cien años sin cambio alguno, ese récord empezó a batirse repetidamente y a bajar cada vez más. Dos meses después del récord de Bannister, el australiano John Landy volvió a superarlo, dejándolo en 3 minutos 57 segundos. Desde entonces, se ha rebajado en dieciocho ocasiones, hasta el récord actual de 3 minutos 43 segundos.

Cada proeza inspira a los demás, rompe creencias limitantes y ayuda al progreso de todos. Ya lo decía Marco Aurelio hace dos milenios: «Aunque tus fuerzas parezcan insuficientes para la tarea que tienes ante ti, no asumas que está fuera del alcance de los poderes humanos. Si algo está dentro de los poderes de la provincia del hombre, créelo: también está dentro de tus posibilidades».

Kamala, con su seguridad en sí misma y sus logros, está ampliando nuestro elenco de posibilidades, siendo un auténtico ejemplo para las niñas de todo el mundo.

Muchos de los que han llegado lejos logrando cosas excepcionales eran tachados al principio de raros, iluminados o ingenuos, pero, al final, esa misma gente acaba haciendo cola ante ese «iluminado» para que este le aconseje cómo tener éxito.

## TÚ ERES EL CAMBIO

Se trate de una proeza grande o pequeña, la clave para llevarla a cabo es creer en tus propias fuerzas. No esperes a que se den las circunstancias propicias, a que llegue ayuda externa o a que se dé la conjunción de astros necesaria.

Tal como decía Gandhi: «Sé el cambio que quieres ver en el mundo».

# 60

## Ser un visionario

Los visionarios lideran el cambio porque primero lo han visualizado en su interior. A partir de ahí, dan pasos concretos para hacer realidad esa visión y luego lideran a un equipo de personas en esa dirección.

¿Cómo son estos líderes del cambio y cómo puedes convertirte en uno de ellos?

Los líderes visionarios son conocidos por romper con todas las expectativas. Son capaces de transmitir su entusiasmo y convencen a otros de que pueden hacer cosas aparentemente imposibles.

Veamos algunas cualidades de estos visionarios:

- *Innovación*. Tienen una gran imaginación. No les da miedo preguntarse «¿y si...?» respecto a todo aquello que los rodea.
- *Estrategia*. La planificación es otra habilidad que poseen muchos líderes de este tipo. Pueden visualizar cómo quieren que sea el futuro y luego diseñar los caminos que los llevarán hasta allí.
- *Enfoque*. Saben permanecer enfocados en el objetivo, libres de distracciones. Una vez identificado lo que quieren, se mantienen en el camino sin irse por las ramas.

- *Optimismo*. Los visionarios son inherentemente positivos. Para ellos, el futuro es prometedor y los problemas son solo temporales. Quienes los rodean se contagian de este estado de ánimo.
- *Espíritu colaborativo*. Saben que los miembros del equipo darán lo mejor de sí mismos si les invitan a participar en el proceso creativo. Utilizan las fortalezas de cada uno para equilibrar sus propias debilidades.
- *Perseverancia*. Nunca se rinden, incluso cuando las cosas se ponen difíciles. De hecho, son expertos en resistir presiones tanto internas como externas. Los visionarios no temen fracasar, sino no haberlo intentado.
- *Inspiración*. Atraen al talento exhibiendo una personalidad abierta y acogedora que permite que afloren las mejores cualidades de cada uno. Saben cómo hacer que los demás se apasionen por un objetivo o una visión de futuro.

Si quieres convertirte en un líder visionario, empieza por empatizar con los demás. Nadie quiere trabajar con alguien que es incapaz de conectar con su equipo. Mantén la calma cuando las cosas no vayan como esperabas; nadie dijo que cambiar el mundo sea fácil. Si otros, como Kamala, han podido cambiar el mundo con su ejemplo, tú también puedes.

## APOSTARLO TODO AL AHORA

Otra característica de los visionarios es que no se quedan anclados en el pasado, haya sido este exitoso o un auténtico desastre. Tampoco se pierden en cábalas respecto al porvenir, aunque ciertamente están diseñando el futuro. Saben que este se decide en el lienzo del presente.

Sobre esto último, el poeta chino Lin-chi decía: «Dejar de preocuparse de lo que sucedió en el pasado y de lo que nos depara el futuro es mejor que una peregrinación de diez años».

¿Estás preparado para apostarlo todo al ahora?

# 61

## Ante todo, calma

Robert Thurman, padre de Uma Thurman, es uno de los doctores en budismo más reputados del mundo. Es un hombre que sabe de los accidentes de la vida —en uno de ellos perdió un ojo— y de la importancia de mantener la calma para poder navegar por los torrentes de la vida.

En su libro *La revolución interior* afirma:

> Las circunstancias no deberían influir en nuestra paz mental. En realidad, son la irritación y ansiedad internas las que nos pueden hacer percibir el entorno como opresivo. Cuando nos sentimos interiormente bien, en calma y alegres, incluso una situación difícil se nos antoja manejable; si decidimos actuar al respecto, seremos más eficaces haciéndolo con calma.

Aviso para navegantes, si asumimos que «como es adentro, es afuera», tal como decía Hermes Trismegisto, debemos cuidar que el lago de nuestros pensamientos esté lo más sereno posible.

En palabras del doctor Thurman:

> La frustración interna es la que crea, directa o indirectamente, los enemigos. Cuando nos sentimos inclinados

al odio y a la rabia, proyectamos a nuestro alrededor un campo de paranoia en el que todos pueden resultar rivales potenciales. Sentimos deseos de eliminarlos y damos por sentado que ellos sienten lo mismo hacia nosotros.

Por lo tanto, para cualquier proyecto que queramos llevar a cabo, puesto que no estará exento de dificultades, la serenidad debe ser el estado de ánimo dominante.

La práctica de la meditación o un ejercicio suave como el chi kung o el yoga pueden ayudarnos a retomar el control interno, lo cual nos permitirá un mayor dominio de los acontecimientos externos.

---

### YOGA PARA RECOBRAR EL EQUILIBRIO

El yoga nos ayuda a reconectar nuestro cuerpo con nuestras emociones y mente. Veamos un ejercicio básico:

a) Ponte en el suelo a cuatro patas con la espalda recta.
b) Inspira muy despacio, mientras curvas la espalda ligeramente hacia arriba y bajas la cabeza.
c) Mantén la posición contando hasta cinco.
d) Suelta el aire y recupera la horizontalidad.

Practica este ejercicio varias veces y luego túmbate un par de minutos y haz unas cuantas respiraciones.

---

# 62

## Ejercicios de descompresión

A medida que adquirimos responsabilidades, sin duda también ganamos en estrés. Y una de las tareas del líder es lidiar con la presión sin morir en el intento. Como dice Kamala Harris:

> Corro por los aeropuertos con mis zapatillas Converse. Tengo una colección completa del modelo Chuck Taylors: un par de cuero negro, un par blancas, tengo con cordones, sin cordones, las que uso cuando hace calor, las que me pongo cuando hace frío, y las de plataforma para cuando llevo un traje pantalón. Cuando viajo, siempre llevo calcetines y una bufanda para envolverme alrededor del cuello, ya que en los aviones hace mucho frío, y mi esposo carga mi iPad con programas y películas que puedo ver cuando viajo al final de la semana y estoy agotada. Acabo de ver *Stranger Things* en un avión.

Esta declaración demuestra que Kamala tiene sus propios recursos para compensar el estrés. Uno de ellos es ponerse ropa cómoda, sin el agobio de vestir prendas formales por el solo hecho de que puedan hacerle una foto.

El otro es buscar vías de escape cuando la tensión y el cansancio hacen su aparición. En estos casos, hasta la persona más eficiente del mundo necesita acudir a distracciones de algún tipo.

*Stranger Things*, la serie que cuenta las aventuras de un grupo de niños en un pueblo estadounidense en la década de 1980, es un buen recurso de descompresión por varios motivos:

- Nos remite a una época de la vida en la que también éramos niños y vivíamos de forma despreocupada.
- Muestra el valor de la amistad, ya que la historia gira en torno a un grupo de niños que arriesgan su vida para encontrar a su amigo desaparecido.
- Tiene una banda sonora espectacular, hecha de éxitos de los ochenta.

---

### ¿QUÉ MÚSICA ESCUCHA KAMALA?

La *playlist* de Kamala Harris es energética y vital como su propio temperamento. En el 2017 colgó una lista en Spotify donde había los siguientes temas:

- «Love on Top», de Beyoncé.
- «Waterfalls», de TLC.
- «Juicy», de The Notorious B. I. G.
- «Humble», de Kendrick Lamar.

---

# 63

## Bienestar exterior-interior

Proyectamos lo que somos, así que los demás nos hacen de espejo de nuestro propio interior. Por eso, en muchas ocasiones no vemos a los demás como son, sino como somos nosotros.

La gente más cordial se encontrará con que también los demás son amables con ellos. Así, para obtener cualquier cosa en la vida, debe darse lo que se quiere recibir. Si deseas sentirte más aceptado, acepta tú primero a los demás. Si quieres sentirte menos juzgado, deja de juzgar a los otros.

Es frecuente observar cómo un cambio de actitud de una persona genera también cambios en su entorno. Por eso, es beneficioso cultivar el bienestar interior y la actitud, con técnicas como el *mindfulness*.

Nuestro estado interior y el exterior, por lo tanto, están estrechamente interrelacionados, como ya vimos en la cita de Hermes Trismegisto. Y hay dos maneras de trabajar con ese eje.

¿Eres de los que cambia el exterior para obtener paz interior (enfoque exterior-interior) o de los que prefiere empezar por dentro para ver resultados fuera (enfoque interior-exterior)?

En este capítulo veremos algunas técnicas para este enfoque exterior-interior:

- *Organización y limpieza en casa*. El objetivo es poner orden en tu hogar. No basta con una casa recogida a simple vista, pero que esconde cajones atestados de cosas inservibles. Para liberar espacio mental, incluso lo que permanece oculto debe estar libre de caos. En caso contrario, te estarás engañando a ti mismo y no podrás observar ningún cambio a nivel interno. El método *KonMari*, de Marie Kondo, es una buena manera de acabar con el desorden de una vez por todas, ya que te invita a deshacerte de todo lo que no te llene de alegría al verlo. Después de organizar tu casa de este modo, tu estado de ánimo también mejorará.

- *Feng shui*, o la organización armónica de los espacios. Esta técnica china milenaria busca mejorar las condiciones ambientales para promover la armonía y el bienestar de quienes habitan ese espacio. Se centra en la colocación y orientación de cada mueble, en cada objeto decorativo y en el equilibrio general de los elementos que componen tu casa, con especial atención a cómo circula el *chi*, la energía vital. Si bien es una disciplina mucho más compleja que el método *KonMari,* hay muchos expertos que pueden ayudarte a atraer un mejor *feng shui* a tu casa.

- *Cerrar círculos*. Algo muy relajante para la mente es ir cerrando los asuntos pendientes para reducir el número de cosas que has ido aplazando. Imagina que enciendes el ordenador y ves que hay cincuenta ventanas del explorador abiertas, todas con información distinta y, algunas de ellas, con música. Pues la mente de muchas personas es así. «Tengo demasiadas cosas en la cabeza», dicen. Hasta que acaban estallando. Puedes evitar que esto pase cultivando dos hábitos sencillos:

- *Acaba todo lo que empieces.* Empezando por cosas aparentemente tan banales como hacer la cama cada día después de levantarte. Eso cierra el círculo de ese asunto, e instaura en tu cerebro el resorte de cerrar cosas. Hazlo con cualquier tarea, por insignificante que parezca. Esto te ayudará a liberar espacio mental.
- *Escribe todas esas cosas que «tienes en la cabeza».* La mente está para crear, pensar y desarrollar ideas, no para almacenar información. Para eso ya tenemos ordenadores, móviles y material de papelería. Apunta y guárdalo todo para que no te nuble la mente y dejes a un lado lo realmente importante.

---

### EL SISTEMA «DAVE» PARA LIBERARTE DE LOS TRASTOS

Nuestro amigo Dave avala la utilidad de este método para deshacerse de cosas que ya no necesita, pero que no soporta tirar. Guárdelas con una etiqueta que indique una fecha a dos o tres años vista, pero no apunte su contenido. Guarde la caja en el altillo, o en el sótano, o donde usted crea conveniente. Una vez al año examine las etiquetas. Cuando llegue a una caja cuya fecha se ha sobrepasado, tírela sin abrirla. Como no sabe qué hay dentro, nunca lo echará en falta.

ELAINE ST. JAMES, *Simplifica tu vida*

---

# 64

## Bienestar interior-exterior

A continuación, vamos a trabajar en el enfoque interior-exterior, desde el que buscamos mejorar nuestro estado interno para proyectar ese bienestar en el exterior. Podemos utilizar estas técnicas:

- *Meditación*. Aunque solo sea unos minutos cada día, te permitirá descansar la mente del bullicio exterior, reconectar contigo mismo y poner el foco en lo que tú deseas, en lugar de en lo que te llega desde fuera. Está comprobado que una breve meditación diaria cambia la estructura cerebral al cabo de un mes. En cuanto aprendes a estar más sosegado y a controlar mejor tu mente, eso repercute directamente en tus resultados.
- *Mindfulness*. Aunque está muy ligado a la meditación, va más allá, pues busca llevar esa conciencia del cuerpo y la mente a todas las áreas de nuestra vida. Este enfoque nos invita a vivir el aquí y el ahora y a prestar atención a lo que pasa en nuestro interior, para así ser conscientes de los cambios que necesitamos emprender.
- *Empezar un diario de gratitud*. Escribe cada día tres cosas por las que te sientes agradecido. Eso hará que

empieces a poner el foco en el lado soleado de la vida. Aquello en lo que nos centramos adquiere potencia y se multiplica, por lo que ese enfoque positivo irradiará sobre muchos otros aspectos de tu vida.

---

### UN POCO DE POESÍA

Alejandro Jodorowsky, fundador de la psicomagia que ya hemos mencionado, recomienda escribir versos breves antes de iniciar la jornada para conectar con nosotros mismos. Puede ser un haiku o un simple aforismo que surge en tu mente.

Como decía Dylan Thomas: «El mundo no vuelve a ser el mismo cuando le agregamos un buen poema».

# 65

## La primera, pero no la última

Kamala Harris es hija de Shyamala Gopalan, investiga-dora india sobre el cáncer, y del economista jamaica-no Donald Harris, aunque ambos se divorciaron cuando Kamala apenas tenía siete años, como hemos visto, que-dando ambas hermanas a cargo de la madre.

Empezábamos este libro con una importante inspira-ción que le dio su progenitora: «Kamala, serás la primera en hacer muchas cosas. Asegúrate de que no eres la últi-ma». La profecía se cumplió. Ella ha roto barreras que ninguna otra mujer había derribado antes, y eso marca un camino para todas las que vendrán después.

Para lograrlo ha necesitado desmarcarse del camino trillado, atreverse a ir por su propia senda, sin miedo.

Eso ha implicado a veces tomar una decisión en contra de lo que piensa la mayoría. Una de las más controvertidas fue en 2004, cuando se negó a pedir la pena de muerte para el hombre que asesinó a un oficial de policía de San Francisco, Isaac Espinoza.

En el funeral del agente, la senadora Dianne Feinstein criticó a Harris, que estaba en la audiencia, lo cual provo-có la ovación de los cientos de oficiales presentes. A partir de esa decisión, Harris fue *persona non grata* para los sin-dicatos policiales durante más de una década.

Este es solo un ejemplo de los numerosos linchamientos por parte de la opinión pública que Kamala ha tenido que soportar a lo largo de su carrera profesional, pero eso nunca le ha impedido actuar según sus principios.

Las personas que dejan un legado en el mundo son aquellas que no temen decir lo que piensan ni aparecer como el bicho raro de la clase. No se dejan intimidar por la opinión de los demás, y siempre actúan en coherencia con sus principios, nunca pensando en el qué dirán.

Seguir tu propio camino, aunque ello implique a veces dar la nota, es la única manera de ser auténtico y de ser consecuente contigo mismo. Como decía Gandhi: «Felicidad es cuando lo que piensas, lo que dices y lo que haces están en armonía».

---

**EJERCICIO PARA SER AUTÉNTICO**

1. Anota esas cuestiones en las que crees que no opinas igual que la mayoría de la gente.
2. Reflexiona sobre si te atreves a expresar tu opinión, o si, por el contrario, te callas por miedo a ser «el raro».
3. Decide qué puedes hacer de manera distinta al resto del mundo.
4. Sé fiel a tus principios y actúa.

# 66

# La comunicación no verbal

Los grandes líderes, como Obama o Kamala Harris, son muy conscientes de lo que comunican sus cuerpos cuando están en una reunión o, más aún, cuando se mueven sobre un escenario.

Por eso controlan y modelan su lenguaje corporal.

Podemos saber muchas cosas de cómo es una persona por la forma que tiene de moverse y expresarse a través de su cuerpo, pero lo que quizá no sabías es que el lenguaje corporal y la actitud forman un bucle que se retroalimenta.

Es decir, no solo el cuerpo habla de cómo somos, sino que podemos influir en nuestra actitud modificando nuestras posturas corporales.

Existen las llamadas *posturas de alto poder*, que consisten en hacer que nuestro cuerpo se abra para abarcar todo el espacio posible a nuestro alrededor. Es lo opuesto a encogerse, que nos hace sentir pequeños e incapaces.

Según distintos estudios, practicar poses de poder durante tan solo dos minutos puede incrementar tu testosterona en un 20 por ciento y hacer disminuir tus niveles de cortisol, la hormona del estrés.

La pose de poder más conocida es esta: estando de pie con los pies ligeramente separados, paralelos a los hombros, levantas los brazos tan alto como sea posible en forma de V, mientras miras hacia arriba con una sonrisa.

Otra postura interesante, aunque menos poderosa (pero que puedes realizar delante de la gente sin parecer un loco) es, con los pies ligeramente abiertos, abrir el pecho hacia delante, hombros hacia atrás y los brazos en la cadera en forma de jarra.

Pruébalo durante un par de minutos y observa cómo te sientes.

---

### POSTURAS QUE RESTAN PODER

En su libro *Reconecta con tu cuerpo*, la terapeuta húngara Anna Sólyom recomienda evitar estas posturas si no quieres sentir que pierdes poder:

1. Sentarte con las manos cruzadas sobre el regazo.
2. Los brazos cruzados delante del pecho.
3. Un brazo envolviendo todo el cuerpo como si te abrazaras a ti mismo.
4. Adoptar una postura encorvada.

# 67

## Los techos de cristal se rompen

Kamala ha estado rompiendo techos de cristal durante toda su vida. Se convirtió en la primera mujer en ocupar el puesto de primera fiscal general de California, la segunda mujer negra en ser senadora, y la primera vicepresidenta de Estados Unidos.

*Los techos de cristal no son solo cosa de mujeres.* Todos tenemos nuestro propio techo de cristal, esos límites a primera vista infranqueables que bordean nuestra zona de confort. Todo aquello de lo que no te crees capaz está por encima de este techo imaginario que has construido tú.

La buena noticia es que estos techos se llaman precisamente de cristal porque pueden romperse. Hacerlos añicos y pasar al siguiente nivel solo depende de ti.

Todos tenemos narrativas internas heredadas que nos dicen en qué somos buenos, en qué no, y qué cosas están más allá de nuestras capacidades. Pero la verdad es que todo esto no son más que ficciones, cuentos con los que hemos condicionado nuestra mente.

Una forma de romper con ese límite imaginario es, primero, identificar qué creencia negativa tienes y, a partir de ahí, buscar su origen.

Puede tratarse de algo que oíste decir a tus padres o maestros, o tal vez sea fruto de tu propia experiencia.

Los techos de cristal son, para muchos, muros infranqueables, que restringen su existencia a un pequeño terreno sin horizonte, rodeados por esa barrera que les impide ver todo aquello que podría ser.

Para poder romper tu propio techo, lo primero que debes hacer es desear salir del agujero y practicar la mirada larga. Pero ello implica salir de la zona de confort.

Mucha gente se siente bien dentro de sus muros; ahí no existe el peligro y se encuentran cómodos con esa seguridad aparente. Pero tú, lector, sé que no eres así, porque estás leyendo este libro, y deseas ser más, mejor, desplegar todo tu potencial, como lo ha hecho Kamala Harris y muchos otros antes que ella.

Comprométete a romper las creencias que te limitan, asume que eres mucho mejor de lo que pensabas y atrévete a hacer aquello que temes o que crees no merecer.

Los techos de cristal se rompen con la acción.

---

### AFIRMACIONES CONTRA LÍMITES

1. Elabora una lista con tus creencias limitantes, por ejemplo: «No se me da bien la informática».
2. En otra hoja, escribe el opuesto exacto de todas tus creencias limitantes. Siguiendo el ejemplo anterior: «La informática se me da muy bien».
3. Quema o destruye el primer papel.
4. Quédate con el otro y léelo cada mañana en voz alta a modo de afirmación positiva. Siente lo que estás diciendo.
5. Cada vez que te asalte la duda o la inseguridad, vuelve a tus afirmaciones.

# 68

# Los desvíos en el camino

El universo te da lo que necesitas, no lo que deseas. Hay una energía que lo rige todo, y que hace que las cosas lleguen en el momento justo.

Si a veces te has sorprendido encontrando respuestas a tus preguntas en los sitios más insospechados, como en un libro que alguien te deja, o en un artículo que estabas leyendo o, sencillamente, en una conversación entre desconocidos que hablaban justo a tu lado, debes saber que no ha sido fruto de la casualidad. Al igual que aparecen respuestas cuando las necesitamos, también, en ocasiones, se producen desvíos en el camino que no logramos entender.

Cuando no puedes avanzar en línea recta, los desvíos en tu camino aparecen muchas veces como una ayuda para:

- Darte más tiempo porque aún no estabas preparado.
- Protegerte de una situación que habría sido perjudicial para ti.
- Reservarte para una oportunidad mejor más adelante.

Casi siempre existe algún motivo por el que las cosas no ocurren, aunque tú no seas consciente de ello. Serán necesarias grandes dosis de paciencia y aceptación, pero estas virtudes siempre conducen a un escenario más favorable.

Cuando le pones prisas a la vida es cuando empiezan a surgir los problemas. La vida tiene su propio ritmo, y hay que fluir con él. Si nos dejamos arrastrar por la impaciencia, acabaremos como nuestro amigo Phakov, el protagonista de este cuento ruso.

El mismísimo zar ruso le prometió a Phakov que serían suyas todas aquellas tierras que pudiera trazar dentro de un círculo, corriendo desde el alba hasta la puesta de sol. Phakov sabía que tierras significaba riqueza, así que, en cuanto despuntó el día, empezó a correr. Y corrió y corrió hasta el atardecer. Y en esa última zancada antes de que el sol se escondiera tras el horizonte, Phakov cayó al suelo, extenuado. La única tierra que obtuvo medía un metro ochenta y era un agujero.

Esta historia nos recuerda que, muchas veces, correr no nos lleva a ninguna parte. O, al menos, no nos deja disfrutar del viaje.

Hay que enamorarse del proceso, no del objetivo que se persigue. Tal vez nada sea tan importante como disfrutar del día a día.

---

**LA ENFERMEDAD DEL TIEMPO**

En 1982, el médico estadounidense Larry Dossey habló de la «enfermedad del tiempo», para describir esa creencia irracional de que «El tiempo se aleja, no lo hay en suficiente cantidad, y debes pedalear cada vez más rápido para mantenerte a su ritmo».

Cada vez que sientas que vas a la carrera, echa el freno y detente a pensar lo que estás haciendo. Párate, respira y date cuenta de que las prisas son algo que solo existen en la mente, no forman parte de la vida.

# 69

# Inteligencia emocional

La inteligencia emocional es tan importante como el coeficiente intelectual a la hora de ser contratado por una empresa o para tener éxito por cuenta propia. Los grandes líderes suelen poseer ambas capacidades y en gran medida, pero eso no significa que hayan nacido con ellas.

La inteligencia emocional, al menos, puede desarrollarse en cualquier momento de la vida. Veamos cuáles son sus pilares:

- Autoconocimiento.
- Autocontrol.
- Empatía.
- Gestión de las relaciones.

El *autoconocimiento* abarca tanto el ser consciente de nuestros talentos y limitaciones, como poder reconocer nuestras emociones y saber cómo estas afectan a nuestros pensamientos y a nuestra forma de actuar.

El *autocontrol* consiste en gestionar estas emociones de forma óptima, no dejando que te dominen, y siendo siempre tú el que está al mando de tus acciones. Se trata de saber responder en lugar de reaccionar. Tomar distancia y la famosa técnica de «cuenta hasta diez» suelen funcionar bastante bien. Lo importante es no actuar en caliente, porque es entonces cuando tomamos decisiones que nos complican la vida.

La *empatía* reside en ponerte en la piel del otro y entender cómo se siente. Esta capacidad puede desarrollarse aprendiendo a escuchar con atención plena, estando genuinamente interesado en los demás.

Y por último, la *gestión de las relaciones* es ser capaz de conectar con los demás, influir sobre ellos y, en definitiva, obtener su confianza y convertirte en un referente para ellos.

Poseer una buena inteligencia emocional tiene efectos positivos en todas las áreas de tu vida, desde los negocios hasta el ámbito sentimental. La inteligencia emocional nos ayuda a evitar el estrés o la ansiedad que producen las emociones que no sabemos gestionar, gracias a la reducción de cortisol, lo cual beneficia asimismo los resultados académicos o laborales. Hoy en día, las empresas consideran igual de importante la inteligencia emocional que el currículo académico.

Merece la pena que aprendas de tus emociones y trabes amistad con ellas.

## EVALÚA TU AUTOCONTROL

¿Eres de los que respondes ante un estímulo externo o de los que reaccionas a él? ¿Permites que tu cerebro reptiliano tome el control actuando de forma instintiva o, por el contrario, te das tiempo para analizar la situación y calmarte antes de responder a ese estímulo?

Sea cual sea tu nivel actual de autocontrol, aquí van dos consejos para ayudarte a mejorar:

- *No respondas a lo que te irrita en el momento en que ocurre.* Esto puede ser un poco más complicado si te encuentras frente a la persona que te provoca esa irritación, pero en el caso de que recibas una mala noticia por email o a través de un mensaje de texto, no contestes hasta que haya pasado un buen rato y hayas podido reflexionar sobre la mejor forma de actuar.
- *No te expongas a situaciones que puedan irritarte.* No siempre podremos huir de las situaciones tóxicas, pero sí podemos evitar muchas de ellas. Deja de ir a esos lugares o con esas personas que sabes que sacan lo peor de ti. La gente con inteligencia emocional evita esas situaciones que sabe que trastocan su paz mental.

# 70

## Actitud positiva

Los pesimistas casi nunca alcanzan una cima. Siempre tienen excusas o encuentran a culpables para justificar las cosas que no hacen. Como decía Helen Keller: «Ningún pesimista ha descubierto nunca el secreto de las estrellas, o navegado hacia una tierra sin descubrir, o abierto una nueva esperanza en el corazón humano».

Los optimistas, en cambio, toman las riendas de su vida y asumen su responsabilidad. Y, sin duda, las cosas les van mucho mejor. Y hay una explicación puramente racional para ello.

Si crees que te va a ir bien, pondrás todo de tu parte para que así sea. Tu energía estará enfocada en lo positivo, en las oportunidades, y las verás por doquier, pudiendo así aprovecharlas. Por el contrario, cuando estás convencido de que algo será un desastre, te desanimas y solo ves los inconvenientes y los problemas que pueden surgir, lo que hace que tires la toalla a las primeras de cambio.

Es lo que en psicología se llama «profecía autocumplida».

Los optimistas siempre ven el vaso medio lleno, aunque, es cierto, está tan lleno como vacío. Lo que ocurre es que todo aquello en lo que la energía se enfoca tiende a expandirse. Por eso, merece la pena enfocarte siempre en la parte buena de cualquier situación, por pequeña que sea.

Una vez conocí a una mujer que llevaba en silla de ruedas la mayor parte de su vida, y le pregunté cómo se sentía al tener que depender de esa silla para todo. Su respuesta me dejó fascinado. Me dijo que no dependía de la silla, sino que, gracias a esta, era libre de moverse por todo el mundo, en lugar de verse obligada a permanecer en la cama, que es lo que debería hacer si las sillas de ruedas no existieran.

Definitivamente, todo es una cuestión de perspectiva.

¿Cuál escoges tú?

---

### EJERCICIO PRÁCTICO

Una de las mejores formas de practicar una actitud positiva es agradecer lo que ya tienes. Te propongo que, cada día antes de acostarte, escribas en un cuaderno las tres cosas de ese día por las que te sientes agradecido.

Pronto te darás cuenta de que tu mente cada vez se centra más en la parte soleada de la realidad, lo que puede agradecer, que en lo que puede criticar.

# 71

## Practicando con el ejemplo

Para conocer realmente a una persona hay que fijarse en lo que hace, no en lo que dice. El mundo está lleno de quienes dicen una cosa y hacen lo opuesto, y tú no quieres ser uno de ellos.

Como vimos en la reflexión de Gandhi, la felicidad y el bienestar interior solo pueden darse cuando lo que se piensa, se siente, se dice y se hace están en armonía.

¿Cómo podemos alinearnos para lograr esta coherencia interna?

El primer paso sería sintonizar la mente con el cerebro. Deja que tus emociones pasen del plano inconsciente al consciente. Si afloran a la conciencia, podrás comprenderlas y saber qué es lo que en verdad las provoca.

Puede que descubras algo de ti que no estás dispuesto a aceptar. Pero si haces un cambio mental, de forma progresiva, para adaptar tus creencias a tu verdadero ser, cuando termines el proceso te sentirás mejor que antes.

A veces, este camino de autodescubrimiento te lleva a descubrir que lo que creías que deseabas en realidad te ha sido impuesto desde fuera, por lo que no forma parte de ti. Por ejemplo, imaginemos a un joven que cree que para tener éxito en la vida debe ser abogado. Sin embargo, hay algo en esa idea que no acaba de encajarle, así que empieza a indagar y se da cuenta de que:

1. Su padre es un abogado de éxito.
2. La sociedad valora a los abogados.
3. Su familia desea fervientemente que siga los pasos de su padre.

Pero ese razonamiento proviene del exterior, no es inherente al verdadero yo de ese joven, que se dará cuenta de que no lo *siente* así. En este caso, debería romper con la creencia de que para tener éxito hay que ser abogado —pues su corazón le dice lo contrario— y de que debe elegir el camino que otros le han impuesto. Pues si lo hiciera, la alineación corazón-mente-habla-acción nunca podría producirse, viviendo siempre en la insatisfacción.

Atrévete a conocerte, como proponían los griegos, y estarás mucho más cerca del verdadero éxito.

---

**PUNTOS CLAVE**

- La felicidad se consigue siendo congruente con lo que se siente, se piensa, se dice y se hace.
- Sentir A y hacer B es la receta perfecta para el fracaso existencial.
- La introspección te permite saber qué herencias no son tuyas, y qué es lo que deseas hacer de verdad.

# 72

## Motivar a las masas

¿Cómo consiguen algunas personas conectar con los demás para inspirarles y motivarles a dar lo mejor de sí mismas? Aquí va una pequeña lista de cosas que hacen aquellas personas que influencian a las otras en su condición de líderes, al igual que Kamala:

1. Logran que los demás se sientan importantes.
2. Tienden un puente entre las emociones propias y las de los otros. Hablan desde la empatía.
3. Otorgan poder y capacidad de decisión a las otras personas.
4. Respetan la opinión de los otros, aunque no la compartan.
5. Se comportan como líderes, no como jefes. Un jefe dirige la acción desde la retaguardia, mientras que el líder enseña con su propio ejemplo.
6. Muestran simpatía hacia los demás.

En su famoso libro *Cómo ganar amigos e influir sobre las personas*, que ya hemos citado, Dale Carnegie nos habla de otras cualidades indispensables para ganarnos el favor de los que nos rodean.

En primer lugar, *los líderes se interesan genuinamente*

*por el bienestar ajeno.* Una de sus mayores motivaciones es que su entorno esté bien.

Además, son personas *dispuestas a asumir los propios errores.*

Huyen de las críticas y del victimismo, y *se hacen responsables de sus propios actos.* Esto genera una sensación de confianza en las personas con las que tratan, porque saben que ese líder no va a culparles de algo que no han hecho en un intento de salvarse a sí mismo.

Kamala posee muchas de estas cualidades, y sabe cómo motivar tanto a su equipo como al público. Unas palabras de ánimo, una mirada sincera a los ojos, una sonrisa... Hay muchas formas de alentar a los otros a continuar y de conseguir que se sientan queridos.

Dado que todo lo que damos viene de vuelta, repartir motivación y amor siempre es beneficioso para todas las partes.

---

### RECUERDA LOS NOMBRES

Un detalle no menor: los líderes suelen ser muy buenos recordando los nombres de los demás. Dale Carnegie decía que «el nombre de una persona es para ella el sonido más dulce e importante que pueda escuchar».

Por esta razón, los grandes motivadores suelen aprenderse enseguida los nombres de las personas, y los usan para establecer un vínculo de cercanía que, de otro modo, tardaría mucho más en formarse.

# 73

# No esto, no aquello

Uno de los caminos más sencillos para averiguar quién eres realmente es primero *saber quién NO eres*.

En el hinduismo, y especialmente en el yoga del conocimiento (jnana yoga) y en el advaita vedanta, se realiza esta práctica bajo el nombre de *neti neti*, que significa *«no esto, no aquello»*. Es la clave de la interrogación vedántica, un medio de aproximación a lo que ES mediante la negación.

Al saber lo que no eres, por eliminación, al final llegarás a lo que eres.

Cuando estás confundido, a veces es más fácil ir descartando lo que no va contigo que tener que escoger lo que sí quieres entre un mar de posibilidades.

Es lo que en los cursos de Ikigai, el propósito vital, se conoce como test negativo. Héctor García y Francesc Miralles, autores del libro pionero sobre este concepto japonés, lo explican de este modo:

> Uno de los grandes principios de la ciencia es que avanza por prueba y error. Cada solución que resulta no ser eficiente nos acerca un poco más al éxito.
>
> Por este motivo, si a día de hoy no sabes cuál es tu ikigai, puedes empezar haciendo una lista de todas las acti-

vidades y ocupaciones que te desagradan especialmente. Son pistas importantes, ya que en el espectro contrario de cada una puede hallarse tu pasión.

En los cursos de escritura, cuando un novelista se bloquea, a menudo se le propone que escriba en un folio todo lo que no pasará en su historia.

Puedes aplicarte esta misma técnica a tu vida. ¿Qué no deseas volver a hacer? ¿Qué caminos están para ti agotados? ¿Qué perspectivas no te seducen en absoluto?

A través de lo que detestas llegarás, al fin, a lo que amas.

Quizá Kamala nunca se había planteado ser vicepresidenta de Estados Unidos, si bien sí se había presentado como candidata a presidenta, pero aquí está. Por descarte, a través de lo que no fue, al final ha llegado a *lo que es*.

---

**¿QUÉ NO ERES?**

Un pequeño ejercicio para activar los beneficios del test negativo para conocerte mejor y detectar tus prioridades:

1. Define aquellas cosas que más te desagrada hacer. ¿Tienen algo en común?
2. Anota todo aquello que no te define, en cuanto a tus valores y prioridades.
3. Escribe a continuación lo contrario de lo que acabas de plasmar en el papel. Considéralo un retrato bastante fiel de quién eres y dónde estás ahora.

# 74

## Usa tu voz y sé fuerte

Sobre la actual situación de Estados Unidos respecto al racismo y a la transformación de la sociedad, en una entrevista a *The New York Times*, Kamala Harris dijo:

> Gracias al teléfono inteligente, Estados Unidos y el mundo están viendo con gran detalle la brutalidad que algunas comunidades han sufrido durante generaciones. No se puede negar. No puedes apartar la mirada. Está allá. La gente está por fin viendo la injusticia de todo esto y está dispuesta a actuar de una manera que nunca antes habíamos visto. Y eso me da esperanza.

Sin duda, toda esta crueldad existía ya antes, y de forma mucho más grave, pero una de las ventajas de los dispositivos que llevamos en el bolsillo es que hoy día todo se graba y en apenas unos segundos ya se ha compartido con el mundo.

Es un arma realmente efectiva para acabar con las injusticias y cambiar el mundo.

En una entrevista concedida a *Marie Claire*, Kamala Harris dio su opinión sobre la importancia de no permanecer callado ante las dificultades o injusticias, así como para mostrar el propio talento:

Lo que quiero que las jóvenes y las niñas sepan es esto: eres poderosa y tu voz importa. Vas a entrar en muchas salas de reuniones a lo largo de tu vida y de tu carrera, donde quizá no haya nadie como tú o nadie que haya tenido las mismas experiencias que tú. Pero recuerda que, cuando te encuentres en esas salas, no estarás sola. Todos estamos en esa sala contigo aplaudiéndote. Animando tu voz. Orgullosos de ti. Así que usa tu voz y sé fuerte.

## LOS SUPERHÉROES ESTÁN EN TODAS PARTES

En enero de 2019, Kamala Harris publicó el libro ilustrado para niños *Superheroes Are Everywhere*. Tal como reza su título, el mensaje que quiere dar es que los verdaderos héroes no están en las películas de Marvel o DC, sino en la calle.

Los encontramos en la familia, entre los amigos o incluso en los desconocidos a los que vemos hacer cosas heroicas, aunque sea algo tan sencillo como ayudar a una persona ciega a cruzar la calle.

En palabras de Kamala Harris: «Todo lo que necesitas para ser un superhéroe es convertirte en la mejor persona que puedas ser».

# 75

# La importancia de creer en uno mismo

Hoy sabemos que la mente subconsciente es mucho más poderosa que la mente consciente. Y esto implica que, si de forma consciente deseas ser rico, pero tu mente subconsciente está programada de forma que piensa que el dinero es malo, porque solo conduce a la avaricia, tu «oficina interior» saboteará cualquier acción que te lleve hacia aquello que considera peligroso o malo.

Todos estos patrones mentales, que proceden de prejuicios sociales o familiares, son creencias que configuran y limitan nuestra vida. Para liberarnos de ellos, el primer paso es identificar qué creencias habitan en tu subconsciente, y esto puede hacerse a través de la observación.

Observa tu diálogo interno. ¿Te hablas con amor y compasión? ¿O más bien con desprecio y quejas?

Ciertamente, es difícil que alguien te valore cuando tú mismo no lo haces. Empieza por identificar los momentos en los que te diriges a ti con:

- Demasiada exigencia.
- Falta de aceptación.
- Ausencia de perdón.
- Ausencia de merecimiento.

Háblate con amabilidad en lugar de quedarte estancado por tu propio autosabotaje. Nadie que no ha creído en sí mismo ha conseguido llegar muy lejos. Como decía el filósofo hindú Jiddu Krishnamurti: «La religión de todas las personas debería ser la de creer en sí mismos».

Seguro que ha habido momentos en tu vida en los que no te has valorado lo suficiente y has permitido que los demás dictaran el curso de tu vida.

Es hora de dejar de delegar tu poder en otros. Cuando buscas constantemente la opinión o aprobación de los demás, estás entregando tu poder a los otros. Un poder que es solo tuyo, y que debes cuidar y proteger.

---

### REVISAR EL MES

Para tomar conciencia de qué gobierna tu vida puedes examinar el último mes. ¿Cómo ha sido para ti? ¿Has actuado siempre acorde con tus ideales o has dejado que los demás influyeran en ti y has acabado actuando como ellos querían? ¿Qué opiniones te han merecido más respeto, las tuyas o las de los demás?

A continuación, identifica algo que te dé miedo y que llevas tiempo postergando o evitando. Decide que, el mes que empieza, lo harás de una vez por todas. Darte cuenta de que has sido capaz de hacer aquello que temías, y, aunque sea algo pequeño, te empoderará y te dará alas para seguir conquistando otros miedos, fortaleciendo así tu autoestima.

Como los personajes del cuento de Harris, creer en ti es el gran superpoder que puede dártelo todo.

---

# 76

## Preparado para la oportunidad

Séneca decía que *el éxito se da cuando se juntan la preparación con la oportunidad*. Se necesitan ambas cosas para que pueda darse el progreso.

La *preparación* es cosa de uno mismo, depende de cuánto queramos invertir en mejorar nuestras habilidades.

Respecto a la *oportunidad*, podríamos pensar que es algo totalmente externo, que se presenta mediante un golpe de suerte y que debemos esperar a que llegue. Sin embargo, quienes se hacen su propia fortuna saben que muchas oportunidades, si bien algunas llegan por sorpresa, las creamos nosotros mismos.

La paradoja es que *una de las mejores formas de crear oportunidades es mediante la preparación*. Las oportunidades favorecen a aquellos que están preparados y atentos.

Si alguna vez te has lamentado de que otros tenían más suerte que tú, ahora ya sabes que las oportunidades puedes fabricarlas tú mismo, si te preparas a conciencia.

¿Tienes un objetivo poderoso en mente? Mi consejo es que te olvides de las habilidades que crees que pueden darte resultados a corto plazo, y empieces a focalizar tu energía en aquello que puede aportarte valor dentro de cinco o diez años. Son esas habilidades desarrolladas a lo largo del tiempo las que acaban dando recompensas enormes.

La vida es una carrera de fondo, como hemos ido viendo, y un gran esfuerzo siempre da grandes resultados.

En resumen, no te centres tanto en encontrar oportunidades ahora como en estar bien preparado para estas, ya que, si te preparas, cuando llegue la oportunidad sabrás aprovecharla.

Compra tu tíquet para que, cuando pase el tren, puedas subirte a él.

---

### REGÁLATE UNA GRATIFICACIÓN DIARIA

Prepararte para algo muy a largo plazo puede resultar desalentador. Escribir un libro, ser un experto en algún ámbito o construir tu propio negocio es un objetivo demasiado lejano en el tiempo para muchos, y son pocos los que acaban haciéndolo realidad.

Un truco para ayudarte a lograrlo es utilizar la gratificación instantánea. El problema de los objetivos a largo plazo es que no proporcionan ninguno de estos chutes de dopamina tan necesarios para seguir motivados. La solución es enfocarse en el proceso en lugar del resultado.

Piensa: ¿Quién es capaz de escribir un libro? Pues alguien que escribe todos los días sin excepción. Cómprate un calendario y marca con una gran X los días en los que escribes. Pronto comprobarás que marcar tu calendario ya es de por sí una gratificación diaria, aunque puedes darte un pequeño premio cuando completes cada semana, por ejemplo.

No cuentes los días para llegar a tu objetivo, haz que los días cuenten.

---

# 77

## El secreto último del éxito

Cuentan que un joven emprendedor que no conseguía llevar adelante ninguno de sus proyectos fue en busca de un reputado maestro, famoso por sus éxitos y por haber inspirado la carrera de cientos de personas.

Lo encontró en su bungalow de la playa, observando el sol del mediodía sobre las aguas azul cobalto.

—Maestro, sé que has tenido toda clase de éxitos en tu vida. Yo quiero ser como tú en las cosas que me proponga a partir de ahora.

—No hay problema —dijo el hombre—. Vuelve de aquí un rato en bañador y yo te enseñaré lo que necesitas para tener éxito.

Aunque extrañado por aquel requisito, el emprendedor fue lleno de entusiasmo hacia su coche. Por fortuna, entre su equipaje había un bañador, así que pudo cambiarse para volver al bungalow tal como le había pedido el maestro.

Lo encontró ya listo para el baño, y le indicó con un gesto que se metieran ambos en el agua.

El joven no entendía la finalidad de aquello. ¿Sería una forma de relajarse para luego hablar en serio del secreto del éxito? Fuera como fuese, se metió con él en el mar.

Cuando ya casi no hacía pie, el maestro de repente le

agarró la cabeza y la sumergió bajo el agua con fuerza, para que no pudiera sacarla.

Convencido de que aquel mentor estaba loco, el chico se revolvía y pataleaba, tratando de zafarse, pero el hombre mantenía con fuerza su cabeza bajo el agua, impidiéndole respirar.

El emprendedor estaba ya convencido de que iba a morir allí mismo, ahogado en aquella playa, cuando el maestro lo soltó.

Respirando agitadamente, cuando logró recuperar un poco el aliento, el joven le preguntó resentido:

—¿Por qué lo has hecho? ¡Casi muero ahogado!

—Cuando tus ganas de triunfar sean tan grandes como las que tenías de respirar hace un momento —dijo el mentor—, entonces lo lograrás.

---

### ¿HASTA QUÉ PUNTO LO DESEAS?

Al final, lo que marca la diferencia entre los que triunfan y los que abandonan es la necesidad imperiosa que tienen los primeros de conseguir aquello que se han propuesto. El éxito no puede ser una opción, sino algo que debes conseguir sí o sí. Cuando necesitas hacer algo como el aire que respiras, entonces no te cuesta invertir el tiempo y la energía necesarios para ello.

Por eso, para medir tus probabilidades de éxito en aquello que te hayas propuesto hacer, responde a la pregunta: ¿hasta qué punto lo deseas?

# Los diez hábitos cotidianos para el éxito de Kamala Harris

1. Pon tu prioridad vital al principio del día. El resto encontrará su lugar.

2. Alimenta tu autoestima y motivación con pequeños logros diarios.

3. No dejes nunca de formarte. No hay más techo que el que tú te pones.

4. Presta atención a cómo hablas a los demás (también a lo que dice tu cuerpo).

5. Ten siempre activo un sueño y un plan para realizarlo.

6. Sé empático con los demás; para todo lo importante se necesita de la ayuda de alguien.

7. Sé auténtico: no vivas la vida de otros.

8. No permitas la injusticia, ni en ti ni en tu entorno.

9. Cuida diariamente tu cuerpo, tu mente y tu espíritu, son tus aliados para el éxito.

10. Revisa tu rumbo periódicamente y agradece todo lo que tienes.

# Bibliografía

Carnegie, Dale, *Cómo ganar amigos e influir sobre las personas*, Elipse, Barcelona, 2016.

Chimamanda, Ngozi Adichie, *Todos deberíamos ser feministas*, Literatura Random House, Barcelona, 2015.

Clear, James, *Hábitos atómicos*, Diana, Barcelona, 2020.

Covey, Stephen, *Los 7 hábitos de la gente altamente efectiva*, Booket, Barcelona, 2011.

Csikszentmihalyi, Mihaly, *Flow,* Kairos, Barcelona, 2003.

Cyrulnik, Boris, *Sálvate, la vida te espera*, Debate, Barcelona, 2013.

Elrod, Hal, *Mañanas milagrosas*, Zenith, Barcelona, 2016.

Ferriss, Timothy, *La jornada laboral de 4 horas*, RBA, Barcelona, 2016.

Gallo, Carmine, *The Presentation Secrets of Steve Jobs*, McGraw-Hill, Nueva York, 2009.

García, Héctor & Francesc Miralles, *El método Ikigai*, Debolsillo, Barcelona, 2020.

—, *Ikigai: los secretos del Japón para una vida larga y feliz*, Urano, Barcelona, 2009.

Gladwell, Malcom, *Fuera de serie*, Taurus, Madrid, 2009.

Grant, Adam, *Dar y recibir*, Gestión 2000, Barcelona, 2013.

Harris, Kamala, *Superheroes Are Everywhere*, Vintage, Nueva York, 2019.

—, *The Truths We Hold*, Penguin Books, Nueva York, 2020.

Hartley, Cecil B., *The Gentlemen's Book of Etiquette and Manual of Politeness*, Franklin Classics, 2018.

Hesse, Hermann, *Demian*, Anaya, Madrid, 2011.

Hosseini, Khaled, *Cometas en el cielo*, Salamandra, Barcelona, 2003.

Kondo, Marie, *La magia del orden*, Debolsillo, Barcelona, 2020.

Morrison, Toni, *La canción de Salomón*, Debolsillo, Barcelona, 2014.

Sharma, Robin, *El club de las 5 de la mañana*, Debolsillo, Barcelona, 2020.

Sólyom, Anna, *Reconecta con tu cuerpo*, RBA, Barcelona, 2020.

St. James, Elaine, *Simplifica tu vida*, RBA, Barcelona, 2002.

Sunim, Haemin, *Aquello que solo ves al detenerte*, Zenith, Barcelona, 2017.

Swan, Rupert L., *El método Obama*, Debolsillo, Barcelona, 2019.

Tan, Amy, *El Club de la Buena Estrella*, Planeta, Barcelona, 2014.

Thurman, Robert, *La revolución interior*, Urano, Barcelona, 2000.

Waters, Alice, *The Art of Simple Food*, Clarkson Potter, Nueva York, 2007.